Und es lohnt sich doch,

für eine Person zu kochen! Kochen macht nämlich Spaß
und mit diesem Küchen-Ratgeber speziell für Singles
wenig Mühe. Fleischgerichte und Vegetarisches, Suppen
und Salate zum Sattessen, raffinierte Nudelrezepte,
verführerische Desserts und Portionskuchen – alle Rezepte
sind genau auf die Bedürfnisse von Singles abgestimmt:
Unkompliziert und schnell zuzubereiten, dabei delikat und,
nicht zuletzt, auch noch gesund! Im übrigen kann Kochen
auch eine sehr entspannende Tätigkeit sein. Seien Sie also
öfter Ihr eigener Gast!

INHALT

Leider sind immer noch viele Singles der Meinung, Kochen für eine Person würde sich nicht lohnen. Das ist schade, denn es gibt so viele leckere Rezepte, die gar nicht viel Arbeit machen, vollwertig ernähren und delikat schmekken. Ich habe selbst zehn Jahre lang einen Single-Haushalt geführt. Anfangs aß ich schnell im Stehen in der Küche irgend etwas Halbfertiges aus dem Kühlschrank. Mit der Zeit hat mir nichts mehr geschmeckt, und ich fühlte mich häufig unwohl. Schließlich habe ich entdeckt, daß man mit ein wenig Organisation herrlich für sich allein kochen kann, ohne großen Aufwand zu treiben oder Fertiggerichte und Dosen zu verwenden –

und ich hatte immer mehr Spaß daran, mich selbst mit einer leckeren Mahlzeit zu verwöhnen.

Für diesen Küchen-Ratgeber habe ich Rezepte erarbeitet, die unkompliziert sind und sich gut für eine Person zubereiten lassen. Überraschend einfach sind sie zum Teil: Aus wenigen Zutaten entstehen bei minimalem Arbeitsaufwand tolle Gerichte. Bei den Zutaten für die Rezepte habe ich vor allem auch darauf geachtet, daß sie sich auf einmal aufbrauchen lassen. Ich lasse Sie also nicht auf Eigelben,

halben Tomaten oder Kohlkopf-Fragmenten sitzen. Gleichzeitig erfüllen die Rezepte die Anforderungen, die heute an eine gesunde Ernährung gestellt werden: viel Gemüse, Kohlenhydrate vorzugsweise in Form von Vollkornprodukten, Fleisch und Zucker in Maßen. Das Wichtigste aber: Alles schmeckt hervorragend! Daß Singles selten über die perfekt ausgestattete Superküche verfügen, habe ich auch berücksichtigt: Alle Gerichte sind auf einer oder zwei Herdplatten zu realisieren, für Aufläufe, Kuchen

Vergessen Sie nicht den schön gedeckten Tisch – Sie wollen Ihr »Dinner for one« ja genießen!

und Pizza brauchen Sie natürlich einen Backofen.

Auf den folgenden Seiten habe ich Ihnen noch eine Reihe Tips zu Einkauf, Vorratshaltung, Küchenausstattung und zum Kochen zusammengestellt.

Übrigens: die appetitlichen Farbfotos, die jedes Rezept illustrieren, sollen Ihnen nicht nur das Wasser im Mund zusammenlaufen lassen (das natürlich auch!), sie sind als zusätzliche Information zum Text durchaus eine Hilfe beim Kochen.

Küchenausstattung – Was Sie wirklich brauchen

Wenn Sie eine große Küche haben, in der die neuesten technischen Errungenschaften vollständig aufgereiht sind – herzlichen Glückwunsch! Wenn nicht, machen Sie sich nichts daraus: Spaß am Kochen und die Bereitschaft, auch mal zu improvisieren, machen Mängel in der Küchenausstattung leicht wett! Herzstück Ihrer Küche ist der Herd. Zwei Herdplatten und ein Backofen – damit läßt sich praktisch alles anstellen, egal, ob Sie einen schlichten altmodischen Gasherd Ihr eigen nennen (der von Profiköchen übrigens nach wie vor favorisiert wird) oder ob Ihnen ein hochmoderner Herd samt Kochfeldern, Umluft und integrierter Mikrowelle zur Verfügung steht. Und auch wer nur eine einzige Kochplatte hat,

Wichtig: Kochgeschirr in der richtigen – kleinen – Größe.

kann vieles aus diesem Buch nachkochen.

Beim **Kühlschrank** sprechen mehrere Gründe dafür, daß er ein **Gefrierfach** mit 3 oder 4 Sternen haben sollte: Sie können darin Halbfertiggerichte wie Blätterteig oder Gemüse lagern, aus denen sich schnell komplette Mahlzeiten herstellen lassen, und Sie können tiefgekühlte Fertiggerichte vorrätig haben, die in der Regel attraktiver sind als solche in Dosen. Wenn Ihnen aus einem anderen Kochbuch ein Gericht besonders gut gefällt, kochen Sie es nach und teilen es in einzelne Portionen, die Sie getrennt einfrieren. Und auch Reste, die Ihnen von dem einen oder anderen Gericht mal übrigbleiben, müssen Sie nicht am nächsten Tag aufessen – da haben Sie vielleicht ganz etwas anderes vor. Frieren Sie sie ein und verspeisen sie dann, wenn Sie wirklich Lust darauf haben. Praktisch, obwohl's auch ohne geht: der **Minibackofen**. Wer

nicht sowieso schon einen großen Backofen in der Küche stehen hat und nur selten für viele kocht, der ist mit so einem kleinen Modell ganz gut bedient: Platz- und Energieersparnis sprechen dafür.

Kochgeschirr

Wer gerne und häufig kocht, genügend Platz im Geschirrschrank und das nötige Kleingeld hat, der wird sich über das reichhaltige Angebot an verschiedenen Töpfen, Kasserollen, Pfannen und Brätern freuen und für Spargel und Nudeln, Fisch und Fleisch jeweils ganz besondere Töpfe anschaffen. Aber es geht auch eine Nummer kleiner. Was Sie wirklich brauchen, ist eine **Stielkasserolle** von 16 cm Ø oder eine **Sauteuse** (eine Art Stielkasserolle mit schrägen Wänden). Darin können Sie Gemüse oder Fleisch anbraten, Reis kochen oder auch Milch – überhaupt alles, was eben reinpaßt. Nudeln passen nicht hinein, und eine selbstgekochte Fleischsuppe auch nicht – dafür brauchen Sie einen größeren **Topf mit Deckel,** der etwa 3 Liter Inhalt haben sollte. Dazu noch eine **Pfanne** (Ø 18-22 cm), und es gibt (fast) nichts, was Sie nicht kochen können. Kein Luxus ist eine zweite Pfanne für den, der häufig etwas brutzelt. Nehmen Sie eine aus Gußeisen oder, wenn Ihnen das zu schwer in der Hand liegt, eine beschichtete Pfanne, weil darin Eier- und Kartoffelgerichte nicht ansetzen. Für Fleisch, Gemüse und alles übrige ist, vor allem bei Töpfen, Edelstahl das Material der Wahl: Es läßt sich leicht reinigen, braucht weniger Fett zum Garen und deutlich weniger Energie – zahlt sich also auch aus. Achten Sie aber auf einen guten, schweren Topfboden! Wo Sie bei einem Emailtopf den Herd auf starke Hitze schalten müssen, genügt bei Edelstahl schwache bis höchstens mittlere Hitze. Wählen Sie Töpfe und Pfannen **ohne** Kunststoffgriffe, dann können Sie sie auch mal zum Warmhalten oder Überbacken in die Röhre schieben. Wenn's sein muß, läßt sich so im Topf der Auflauf oder Kuchen, in der Pfanne die Pizza backen!

Nicht unbedingt nötig, aber praktisch: ein kleiner **Tontopf** – den gibt es auch im Single-Format. Das Garen darin braucht zwar seine Zeit, muß aber nicht überwacht werden, so daß Sie sich ganz entspannt anderen Dingen zuwenden können.

Auch **Schnellkochtöpfe** gibt es für kleine Portionen. Wer gerne Kartoffeln, eine frisch gekochte Suppe oder Körnergerichte ißt, gewinnt durch den Schnellkochtopf viel Zeit. Kartoffeln beispielsweise sind in 12 bis 15 Minuten fertig, Naturreis, der sonst beinahe eine Dreiviertelstunde braucht, in rund 10 Minuten. Wer öfter Auflauf oder Kuchen bäckt, will nicht immer den Kochtopf zweckentfremden, sondern wünscht sich

eine entsprechende Form. In einer **Springform** von 18 cm Ø sind Kuchen mit etwa einem Viertel bis einem Drittel der üblichen Teigmenge zu backen, was allerdings auch noch für 2 bis 4 Personen oder Tage ausreicht. Für Ein-Personen-Kuchen geeignet sind **Portionsförmchen**, wie sie für Soufflés verwendet werden, **Tortelettförmchen** oder auch die kleinste der verschließbaren **Puddingformen**. Ohne Deckel backen Sie darin einen winzigen Guglhupf oder das Haselnußtörtchen von Seite 56. Vielsei-

tig verwendbar ist eine rechteckige **Backofenform aus Metall oder Keramik**: darin sind Aufläufe, aber auch Lasagne zu backen. Wenn Besuch kommt, paßt ein ganzer Braten hinein. Auf einem runden **Pizza-Blech** gelingen auch Pies und Kuchen, und in einer runden oder ovalen Form, die etwa 5 cm hoch ist, geraten Aufläufe und Soufflés. Unschlagbar in puncto Vielseitigkeit sind **Schüsselsets aus Edelstahl** (mit Kunststoffdeckel), die es im Fachhandel, häufig auch in Kaffeeröstereien zu kaufen gibt. In ihnen

Beim Pürieren, Hacken, Schälen oder Mahlen können Ihnen diese Küchenhelfer so manche Arbeit abnehmen.

sind nicht nur Lebensmittel im Kühlschrank aufzubewahren. Sie können auch schnell mal auf die Herdplatte gestellt oder in den Backofen geschoben werden und stellen so eine ganze Batterie von Reservekochtöpfen und -backformen dar.

Unentbehrliche Küchenhelfer

Fast unübersehbar groß ist das Angebot an wunderschönen, chromblitzenden Küchengeräten. Überlegen Sie daher, bevor Sie einkaufen, gut, was Sie wirklich brauchen – es ist gar nicht so sehr viel. Doch halten Sie sich bitte nach Möglichkeit an die Devise: lieber weniger und dafür was Gutes!

Das **Messer** ist nach wie vor das wichtigste Küchengerät, an ihm sollten Sie daher nicht sparen. Kaufen Sie sich **ein** wirklich gutes Exemplar, »Office«- oder schlicht »Kochmesser« genannt, mit Stahlklinge und schwerem Holzgriff. Gönnen Sie sich so ein gutes Stück, selbst wenn es ebensoviel oder gar mehr kostet als das fünfteilige Messerset aus dem Sonderangebot. Der schwere Griff hilft Ihnen beim Schneiden, Sie müssen weniger Kraft aufbringen, und die Klinge gleitet wie von selbst durch das Schneidgut. Mit einem **Wetzstahl** schärfen Sie die Klinge bei Bedarf. Wenn Sie so ein Prachtexemplar von einem Messer haben, brauchen Sie als Ergänzung nur noch ein kleines (ruhig

Mit dem richtigen Küchengerät macht das Kochen und Backen nochmal soviel Spaß.

billiges) **Gemüsemesser,** sinnvollerweise mit Wellenschliff, um glatten Tomaten, Paprikaschoten oder Äpfeln leichter unter die Haut zu gehen. Als Unterlage zum Schneiden brauchen Sie wenigstens ein größeres **Brett,** besser noch zwei, von denen Sie eines für Zwiebel und Knoblauch reservieren. Mit dem **Sparschäler** können Sie nicht nur Kartoffeln und Äpfel schälen, sondern auch Spargel, Möhren und andere Wurzel- und Knollengemüse putzen. Eine weitere Hilfe beim Zerkleinern ist die **Rohkostreibe,** mit der nicht

nur Gemüse, sondern auch Käse und Schokolade kleinzukriegen sind. Wer jemals eine Reibe in der Spüle rosten sah, weiß, daß die paar Mark mehr für eine (rostfreie) Edelstahlreibe keine Verschwendung sind!
Zerkleinern ohne Muskelkraft ermöglicht der **Pürierstab.** Für den Single-Haushalt ist er dem Mixer oder der Küchenmaschine vorzuziehen: Man kann direkt im Topf beziehungsweise in der Schüssel zerkleinern, ohne umzufüllen. Und das Schneiden kleiner Mengen Gemüse geht mit

dem Messer oft rascher als das Herausnehmen und Säubern der Maschinenteile. Für ambitionierte Soloköche kann sich dagegen der Kauf eines **Blitzhackers** lohnen, denn 125 g Kalbfleisch oder 150 g Lamm dreht einem auch der netteste Metzger nicht durch den Wolf. Für Müslifans unentbehrlich: eine **Müslimühle,** mit der das Getreide für das Frischkornmüsli geschrotet wird.

Wer die Schlagsahne am liebsten mit der Gabel schlägt, braucht keinen **Schneebesen.** Allen übrigen Menschen aber möchte ich die Anschaffung wärmstens empfehlen. Vornehme Köche verschmähen den Gebrauch eines **elektrischen Handrührers** und arbeiten nur mit dem Schneebesen. Wer viel zu rühren hat und sich das Leben leichter machen will, ist mit so einem elektrischen Rührer aber bestens bedient. Ein großes **Sieb** mit großen Löchern hilft beim Obst- und Salatwaschen und beim Abgießen von Nudeln; ein kleineres, feinmaschiges beim Waschen und Abtropfen von Reis und anderen Körnern, beim Passieren von Saucen oder auch beim Bestäuben von Desserts mit Puderzucker. Einen **Pinsel** brauchen Sie, um Backformen einzufetten oder den Braten zu bepinseln, einen **Kochlöffel** zum Umrühren (aus Holz, weil Plastiklöffel am heißen Topf- oder Pfannenboden schmelzen können), einen **Gummispachtel,** um Töpfe und Schüsseln (vor al-

lem Teigschüsseln) gründlich leerzuschaben, **Schöpf-** und **Schaumlöffel,** um sich aus dem Kochtopf zu bedienen. Und damit Sie überhaupt wissen, was Sie mit diesen Geräten schneiden und verrühren sollen, brauchen Sie einen **Meßbecher.** Nehmen Sie einen Halbliterbecher, der nach unten spitz zuläuft, er mißt im kleinen Bereich wesentlich genauer als ein Becher mit geraden Wänden.

Einkauf

Glücklicherweise sind die Zeiten vorbei, da Gemüse im Supermarkt nur eingeschweißt in Kilopackungen zu haben war. In vielen Läden wiegt der Kunde heute selbst ab, was er sich ausgesucht hat – kein Problem also, die kleine Paprikaschote, die beiden Tomaten und die einzelne Zwiebel zu kaufen, die Sie für Ihr Abendessen brauchen. Doch auch wenn die großen Läden ihr Angebot inzwischen single-freundlicher gestalten – vergessen Sie darüber nicht die kleinen Fachgeschäfte! Metzger, Bäcker und Gemü-

sehändler können ganz anders auf Ihre Sonderwünsche eingehen – und tun das auch gerne, besonders, wenn Sie Stammkunde sind.

Der Gang zum Naturkostladen ist für Feinschmecker ebenso lohnend wie für Gesundheitsbewußte. Hier bekommen Sie die beste Milch von glücklichen Kühen, die schmackhaftesten Äpfel, die kleinsten und feinsten Linsen und, beim Bio-Metzger, Fleisch in einer Qualität, von der Sie sonst nur träumen können. Doch wo Sie auch kaufen, wählen Sie stets kleinste Mengen, nicht nur bei ganz kurzlebigen Produkten wie Frischfleisch, Milch oder Gemüse. Das kostbare Walnußöl wird voraussichtlich ranzig, wenn Sie eine Liter-Flasche nehmen, und auch der Müsli-Mix aus der vorteilhaften Kilo-Packung schmeckt nach einiger Zeit seltsam muffig. So kommt Sie die preiswertere Großpackung am Ende doch teuer zu stehen.

Grundsätzlich gilt, daß beim Kauf von Gemüse und Obst die Jahreszeit und entsprechende Sonderangebote berücksichtigt werden sollen. Trotzdem werden Sie als Single im Herbst keine Kohlköpfe nach Hause schleppen, wenn sich nicht gerade Freunde zum Essen angesagt haben.

Bevorzugen Sie beim Gemüse kleine, schnellgarende Sorten.

Verschiedene Teigwaren und Reis gehören in jeden Vorratsschrank.

Essig hält »ewig« – halten Sie mehrere Sorten vorrätig.

Vorräte

Für alle Vorräte gilt, daß sie geschützt aufbewahrt sein wollen. Auch so scheinbar unverwüstliche Produkte wie Weißmehl beispielsweise sollten, einmal angebrochen, in verschließbare Gläser oder Dosen (das können ausrangierte Kaffeedosen sein) umgefüllt werden. Sonst herrscht in Ihrem Vorratsschrank bald ein Einheitsaroma vor, das sich aus sämtlichen vorhandenen Gewürzen zusammensetzt und gleichmäßig Haferflokken, Mehl und Tee durchdringt.

Lebensmittel, die Sie lange (ein halbes Jahr und länger) aufbewahren können:

Teigwaren, ob aus Vollkorn oder Weißmehl, sind völlig unproblematisch aufzubewahren. Weißer **Reis** hält sich fast unbegrenzt, Naturreis ist gesünder und schmeckt interessanter, ihn sollten Sie aber nicht gerade sackweise kaufen, weil er bei langer Lagerdauer schon mal ranzig werden kann. Machen Sie die Schnupperprobe! Sonstigen **Getreidekörnern** droht Gefahr höchstens noch von der Mehlmotte. Bei stark befallenen Körnern (oder Nüssen) hilft nur Wegwerfen. Sonst: Wiederholtes Schütteln des Gefäßes verscheucht die Plagegeister. Das ideale Korn für die Single-Küche ist der Grünkern, weil er auch ohne Einweichen in relativ kurzer Zeit (etwa 25 Minuten) gar ist. **Hülsenfrüchte** sollten beim Kauf glatt und glänzend sein,

Und wenn Sie beim Blumenkohl, der gerade im Angebot ist, zugreifen, sollten Sie bedenken, daß Sie voraussichtlich zwei bis drei Tage daran zu essen haben. Vielleicht sind die teureren Zucchini am Ende doch das preiswertere Gemüse?

Besonders günstig für Singles, weil in kleinen Mengen erhältlich und schnell zuzubereiten: Champignons, Spinat und alle Blatt- und Stielgemüse, Tomaten, Paprika, Zucchini, Broccoli, Fenchel, Chicorée, Möhren.

Ebenfalls gut zu portionieren, aber etwas zeitaufwendiger beim Garen: Rosenkohl, Spargel und Artischocken.

Sind für eine Portion zuviel und bedürfen daher der Planung: Blumenkohl, Wirsing, und andere Kohlköpfe, große Sellerieknollen und Stangensellerie, große Auberginen – kleine sind leider nicht immer zu bekommen.

Single-freundliche Salate sind Feldsalat, Chicorée und Radicchio. Kopfsalat, Eichblattsalat und andere zartblättrige Sorten sollten Sie für aufeinanderfolgende Tage einplanen, da sie relativ schnell »schlappmachen«.

Länger halten Endivien, Frisée, Romana und Eisbergsalat.

Wenn Sie nur einmal in der Woche zum Einkaufen kommen: Nehmen Sie neben Erdbeeren auch Äpfel, neben Champignons und Broccoli auch die lagerfähigen Möhren, damit Sie noch am Ende der Woche frisches Obst und Gemüse haben.

An der Wursttheke: Lernen Sie, auf die Routine-Frage »Darf's ein bißchen mehr sein?« selbstbewußt mit »Nein« zu antworten!

die matten, runzligen sind nicht mehr frisch und brauchen beim Kochen länger. Ideal für Küchen-Solisten sind **Linsen**: kurze Garzeit auch ohne Einweichen.

Weißes **Mehl** hält lange, Vollkornmehl hingegen sollte möglichst frisch gemahlen sein. Wenn Sie keine Mühle haben: Im Naturkostladen mahlt man für Sie die Körner. **Zucker** und **Puderzucker** halten »ewig«, wenn sie nicht gerade naß werden, **Honig** kann im Laufe der Zeit zäh werden oder Kristalle bilden. Im Wasserbad ganz sanft erwärmt, verflüssigt er sich wieder.

Müslifans haben ihre Spezialmischung vorrätig oder die Haferflocken, Nüsse und Rosinen, aus denen sie es frisch mixen.

Vorsicht: **Walnüsse** sind zwar besonders fein, werden aber auch am schnellsten ranzig, sie sollten nicht älter als höchstens 9 Monate werden.

Cornflakes dürfen nicht zu lange offen stehen, weil sie sonst labbrig werden. **Öl** muß immer im Haus sein, doch Achtung: Ungeöffnet übersteht es Jahre, geöffnet ist es nur begrenzt haltbar. Kaufen Sie daher nur kleine Flaschen und wenige Sorten, zum Beispiel ein kräftiges Oliven- und ein mildes Sonnenblumenöl. Von **Essig** können Sie sich dagegen eine gute Auswahl bereitstellen, ihm kann die Zeit kaum etwas anhaben. Nehmen Sie zum Beispiel neben einem guten Rotwein- und einem Sherry-Essig auch noch einen aromatisierten Weiß-

weinessig, vielleicht mit Schalotten gewürzt und einen Balsamico, dazu für die Gesundheit einen Apfel- und für den Spaß einen Himbeeressig.

Tomatenmark ist Singlefreundlich, weil wiederverschließbar, in der Tube. Gleiches gilt für **Mayonnaise**, **Remoulade**, **Paprika**- und **Sardellenpaste**. **Senf** gibt es zwar auch in der Tube, die besseren Qualitäten (Dijon-Senf) finden Sie allerdings in Gläsern. **Brühwürfel** gehören auch in den Vorratsschrank, für Feineres braucht man **Sau**cen-Fonds im Glas (sind geöffnet aber auch im Kühlschrank nur eine bis höchstens zwei Wochen haltbar).

Für Notfälle hilfreich: ein Päckchen **Crackers** und **Konserven** wie zum Beispiel eine Dose Erbsen, ein Glas Kirschen oder Aprikosen. Verwenden Sie, wenn Sie fern der Meere leben, jodiertes **Speisesalz** oder von Natur aus jodhaltiges **Meersalz**. **Gewürze** und **getrocknete Kräuter** besorgen Sie nur in kleinen Mengen, sie büßen bei langer Lagerung an Aro-

Ein paar Kräutertöpfe sind gerade für Singles lohnend – so haben Sie auch kleine Mengen immer frisch zur Hand.

ma ein. Gerade für den Alleinlebenden lohnt sich übrigens die Anschaffung des einen oder anderen **Kräutertöpfchens**. Ein Bund Petersilie, auf dem Markt gekauft, kann gewaltige Ausmaße haben, trotzdem hält es nicht länger als zwei bis drei Tage frisch. Besser ist es, wenn Sie bei Bedarf ein paar Blätter aus dem Blumentopf pflücken können. Mit je einem Topf **Petersilie**, **Basilikum** und **Thymian** oder **Salbei** auf der Fensterbank würzen Sie jede Menge raffinierte Gerichte.

Als Vorratskammer kaum hoch genug einzuschätzen ist das **Drei-** oder **Viersternefach** des **Kühlschranks**. Ihr Lieblingsgemüse und eine Tüte Scampi, dazu noch Eis und ein Paket Himbeeren – da darf ein lieber Gast auch mal unangemeldet hereinschneien. Dazu beherbergt das Kühlfach noch einen kleinen Vorrat an Kräutern.

Kurzlebiger, im Kühlschrank etwa zwei bis vier Wochen haltbar, sind **Butter**, **Sahne** (süße und Crème fraîche) und **Eier**. Wer öfter kocht, braucht sie einfach. Außerhalb des Kühlschranks, doch möglichst kühl, luftig und dunkel bewahren Sie **Zwiebeln** und **Schalotten**, **Knoblauch** und **Kartoffeln** auf.

Tips zur Arbeitsersparnis

Auf Vorrat zubereiten können Sie klare **Salatmarinaden**, die keine Milchprodukte enthalten, also die klassische

Kräutersugo und Vinaigrette können Sie auf Vorrat herstellen.

Vinaigrette (Essig-Öl-Sauce) mit oder ohne Senf. Sie hält sich in einem Schraubglas leicht zwei Wochen und schmeckt allemal besser als fertiggekauftes Dressing aus Portionsbeutel oder Flasche! Auch **kaltgerührte Nudelsaucen** halten sich: Mischungen aus Öl, Gewürzen und Kräutern und/oder Nüssen sind auch nach zwei Wochen noch gut.

Wer regelmäßig für sich kocht, kann vorarbeiten: Wenn es heute Nudeln gibt, kochen Sie die doppelte Menge. Am nächsten oder übernächsten Tag gibt es dann Schinkennudeln, die sind schnell gebraten. Aus Reis braten Sie einen Gemüsereis oder backen einen Auflauf, am Vortag mitgekochte Kartoffeln zerdrücken Sie mit Quark, würzen süß oder pikant und backen in der Pfanne Kartoffelküchlein. Auch vom Gemüse darf's ein bißchen mehr

sein: Am nächsten Tag gibt es dann pürierte Gemüsesuppe oder eine Tortilla.

Wer ein Gefrierfach hat, verdoppelt die Rezeptmenge und hat so gleich für einen späteren Zeitpunkt vorgekocht.

Aufwärmen

geht in der Mikrowelle perfekt. Ansonsten ist das gute alte Wasserbad die schonendste Methode. Eine Schüssel in die mit wenig Wasser gefüllte Kasserolle hängen. So wird der Schüsselinhalt ganz sanft erwärmt, ohne daß er austrocknen oder anbrutzeln kann.

Aufbewahren

Zum Frischhalten ideal sind die bereits erwähnten Stahlschüsselsets mit Deckel. Darin bleiben Essensreste, Wurst, Käse, halbe Zwiebeln, gehackte Kräuter und anderes frisch, ohne ihren Duft auf die übrigen Lebensmittel im Kühlschrank zu übertragen. Wenn Sie Folie zum Abdecken oder Einwickeln brauchen: Frischhaltefolie aus hauchdünnem Kunststoff ist ausreichend und dabei weniger umweltbelastend als Alufolie.

Wenn Sie unbedingt mit Alufolie arbeiten wollen, etwa zum Braten: Sie darf nicht mit Säure in Berührung kommen. Wickeln Sie also bitte nicht den Fisch samt Zitrone in die Folie, weil sich dabei Alupartikel herauslösen und ins Essen übergehen würden.

Avocado mit Krabbenfüllung

Die birnenförmige Frucht, die für die Azteken einst »die Butter des Waldes« war, hat Vorzüge, die sie für die Single-Küche prädestinieren. Sie wächst praktisch in Portionsgröße heran, benötigt keine umständliche Zubereitung und ist durch ihren hohen Gehalt an ungesättigten Fettsäuren, Vitaminen und Mineralien auch noch sehr gesund! Die Avocado mit Krabbenfüllung ist gut als Abendessen für 1 oder als Vorspeise für 2 Personen. Am besten paßt dazu getoastetes Weizenbrot.

Zutaten:
2 Eßl. Joghurt
1 Eßl. Crème fraîche
1 Teel. Tomatenmark
1 Eßl. Zitronensaft
Salz
weißer Pfeffer, frisch gemahlen
40 g geschälte Krabben
1 kleine reife Avocado

Besonders schnell

Diese Menge enthält etwa:
3200 kJ /760 kcal
14 g Eiweiß · 76 g Fett
5 g Kohlenhydrate

- Zubereitungszeit: etwa
  5 Minuten

1. Den Joghurt mit der Crème fraîche und dem Tomatenmark verrühren. Mit dem Zitronensaft und Salz und Pfeffer gut würzen.

2. Die Krabben mit der Joghurtcreme vermischen.

3. Die Avocado der Länge nach durchschneiden, den Kern entfernen und die Krabbenmischung in die Avocadohälften füllen.

Tip!

Wenn Sie nur eine halbe Avocado essen wollen, können Sie die zweite Hälfte kurzfristig aufheben (höchstens 1 Tag), wenn Sie den Kern drinlassen und die Schnittstelle mit Zitrone beträufeln.

Würziger Avocado-Dip

Der Avocado-Dip schmeckt auf Toast ebenso gut wie zu Vollkornbrot. Da die Avocado reichlich Fett enthält, können Sie sich die Butter auf dem Brot getrost sparen!

Zutaten:
1 kleine Zwiebel
1 Knoblauchzehe
1 Tomate
1 kleine reife Avocado
1–2 Eßl. Zitronensaft
Salz
schwarzer Pfeffer, frisch gemahlen
1 Prise Cayennepfeffer
1 Prise Zucker
etwas Petersilie

Raffiniert

Diese Menge enthält etwa:
2800 kJ/670 kcal
7 g Eiweiß · 68 g Fett
7 g Kohlenhydrate

- Zubereitungszeit: etwa
  10 Minuten

1. Die Zwiebel und den Knoblauch wirklich fein hacken (sie werden ja roh gegessen). Die Tomate überbrühen, häuten, entkernen und das Fruchtfleisch in Würfel schneiden.

2. Die Avocado aufschneiden, den Kern entfernen, das Fruchtfleisch herauslösen und in einer Schüssel mit der Gabel zerdrücken. Mit dem Zitronensaft beträufeln.

3. Die Zwiebel, den Knoblauch und die Tomate mit der Avocado vermischen. Mit Salz, schwarzem Pfeffer, dem Cayennepfeffer und dem Zukker kräftig abschmecken. Mit Petersilienblättern belegen.

Im Bild oben:
Würziger Avocado-Dip
Im Bild unten:
Avocado mit Krabbenfüllung

Joghurt selbstgemacht

Joghurt selber machen lohnt sich für jeden, der gern und oft Joghurt ißt – auch im Einpersonenhaushalt. Die Herstellung ist einfach, er schmeckt gut, ist billig, und Sie haben weniger Plastikmüll. Was Sie brauchen, sind lediglich ein großes verschließbares Glas und ein warmer Platz: im Sommer ein sonniges Fensterbrett, im Winter ein Platz dicht an der Heizung, andernfalls der auf 50° geheizte Backofen.

Erhitzen Sie 1 l Milch in einem Topf so lange, bis dichter Dampf aufsteigt (wenn Sie ein Kochthermometer haben: auf 80°). Die Milch soll sehr heiß werden, aber nicht kochen. (H-Milch muß nur auf 40° erwärmt werden. Wenn Sie mit dem Finger prüfen: das ist gute Badewannentemperatur.) Die Milch wieder auf etwa 40° abkühlen lassen. 1 Becher fertigen Joghurt mit Schneebesen oder elektrischem Handrührer in die Milch einrühren. Es sollen keine Joghurtklümpchen bleiben, weil sonst der fertige Joghurt auch klumpig wird. 1 Becher Joghurt in das Glas umfüllen. In Zeitungspapier einpacken, eventuell noch mit einem alten Handtuch umwickeln. 8 Stunden warm stellen, anschließend im Kühlschrank nachreifen lassen.

Herzhaftes Müsli

Müslis sind Muntermacher am Morgen oder energiespendende Zwischenmahlzeiten. Hier eine pikante Version aus Grünkernschrot.

Zutaten:
50 g Grünkern
1 Eßl. Zitronensaft
1 Tomate
1 Eßl. geriebener Käse
2 gehäufte Eßl. Quark
1 Eßl. frische, gehackte Kräuter
1 Eßl. Sprossen
1 Teel. Olivenöl
Salz
Pfeffer, frisch gemahlen

Vollwertrezept

Diese Menge enthält etwa:
1200 kJ/290 kcal
16 g Eiweiß · 8g Fett
39 g Kohlenhydrate

- Zubereitungszeit: etwa 2 1/2 Stunden

1. Den Grünkern in der Handmühle schroten und in eine kleine Schüssel umfüllen. Mit 3 Eßlöffeln lauwarmem Wasser und dem Zitronensaft mehrere Stunden einweichen.

2. Die Tomate waschen und kleinschneiden.

3. Die Tomatenstückchen und alle übrigen Zutaten locker mit dem Grünkern vermischen und mit den Gewürzen abschmecken.

Vesper-Joghurt

Zutaten:
1 Eßl. Sesamsamen
1 große Tomate
150 g Joghurt (gekauft oder selbstgemacht)
1 Eßl. frische, gehackte Kräuter
Salz
Pfeffer, frisch gemahlen

Preiswert

Diese Menge enthält etwa:
660 kJ/160 kcal
8 g Eiweiß · 10 g Fett
9 g Kohlenhydrate

- Zubereitungszeit: etwa 10 Minuten

1. Den Sesam in einer kleinen Pfanne ohne Fett leicht anrösten, bis ein aromatischer Duft aufsteigt.

2. Die Tomate waschen und kleinschneiden. Den Joghurt mit der Tomate, den Kräutern und dem Sesam vermischen, mit Salz und Pfeffer abschmecken. Dazu schmeckt Fladenbrot aus dem türkischen Laden ebenso wie kräftiges Vollkornbrot.

Bild oben: Vesper-Joghurt
Bild unten: Herzhaftes Müsli

Pikanter Frischkäse

Zu den Frischkäsesorten gehört auch der in Salzlake eingelegte Schafkäse mit seinem kräftigen Geschmack. Mit Öl und Kräutern angemacht, verwandelt er sich in einen würzigen Brotaufstrich.

Zutaten:

1 Knoblauchzehe

6–8 Basilikumblätter

50 g Schafkäse

1 Eßl. Olivenöl

schwarzer Pfeffer, frisch gemahlen

Besonders schnell

Diese Menge enthält etwa:
840 kJ/200 kcal
7 g Eiweiß · 19 g Fett
1 g Kohlenhydrate

- Zubereitungszeit: etwa
  5 Minuten

1. Den Knoblauch und das Basilikum fein hacken.

2. In einer kleinen Schüssel den Schafkäse mit einer Gabel zerkrümeln, mit dem Knoblauch, dem Basilikum und dem Öl verrühren.

3. Etwas schwarzen Pfeffer darüber mahlen. Dazu schmeckt jede Art von Brot, besonders Vollkornbaguette, das es fertig zum Aufbacken zu kaufen gibt.

Variante:

Wenn Sie es etwas sanfter lieben, dann nehmen Sie anstelle von Schafkäse Doppelrahmfrischkäse aus Kuhmilch, statt des Knoblauchs gehackte Haselnüsse, Petersilie statt Basilikum und verrühren das Ganze mit etwas Crème fraîche anstelle von Olivenöl. Mit etwas Salz abschmecken. Zu dieser milden Variante paßt Pumpernickel mit seinem leicht süßen Geschmack.

Marinierte Zucchini

Wenige Blattsalate sind für Single-Haushalte geeignet: Radicchio, weil die kleinen Köpfchen Portionsgröße haben, oder Feldsalat, von dem man eine Handvoll kaufen kann. Kopfsalat, Endivien usw. sind für Einen zu groß. Leichter können Sie Ihre Rohkost mit Gemüsen dosieren. Zucchini beispielsweise sind auch roh ein Genuß. Walnußöl betont den nussig-milden Geschmack.

Zutaten:

1–2 kleine Zucchini

Saft von 1/2 Zitrone

Salz

Pfeffer, frisch gemahlen

1 Eßl. Walnußöl (ersatzweise Olivenöl)

etwas frische Kräuter zum Bestreuen

Besonders schnell

Diese Menge enthält etwa:
400 kJ/95 kcal
2 g Eiweiß · 8 g Fett
3 g Kohlenhydrate

- Zubereitungszeit: etwa
  5 Minuten

1. Die Zucchini waschen und in möglichst feine Scheiben schneiden.

2. Die Scheibchen auf einem Teller verteilen, mit dem Zitronensaft beträufeln, salzen, pfeffern und das Öl darüber gießen. Mit gezupften Kräutern garnieren.

Variante:

Schnell gemacht und eine ebenso gesunde wie leckere Vorspeise ist ein gemischter Rohkostteller: Grob geraffelte Zucchini und Möhren mit Champignonscheiben auf einem Teller anrichten. Aus Zitronensaft, Öl, Salz und Pfeffer und ein wenig Senf eine Marinade rühren und über das Gemüse gießen. Die Variationsmöglichkeiten sind schier unbegrenzt: Tomaten, Kohlrabi, Sellerie, Gurken, Blumenkohl sind nur einige der Gemüsesorten, die sich für einen Rohkostteller eignen.

Im Bild oben: Pikanter Frischkäse
Im Bild unten: Marinierte Zucchini

Gemüsesalat mit Dinkel und Käse

Zutaten:
50 g Dinkel
Salz
2 Frühlingszwiebeln oder 1 kleine
Stange Lauch
1 Möhre
1 kleiner Kopf Radicchio
1 Stück Salatgurke
1 Tomate
1 kleine gelbe Paprikaschote
50 g Appenzeller Käse
1 Eßl. Obst- oder Weißweinessig
1 Teel. scharfer Senf
2 Eßl. Olivenöl
1 kleine Handvoll frische Kräuter
Pfeffer, frisch gemahlen

Vollwertrezept
Braucht etwas Zeit

Diese Menge enthält etwa:
2500 kJ/600 kcal
26 g Eiweiß · 33 g Fett
48 g Kohlenhydrate

• Zubereitungszeit: etwa
  45 Minuten

1. Den Dinkel mit 1/2 l Salzwasser kalt aufsetzen, zum Kochen bringen und bei schwacher Hitze in 30–40 Minuten ausquellen lassen. Er ist gar, wenn die braune Haut zu platzen beginnt.

2. Während die Körner köcheln, werden das Gemüse und der Käse vorbereitet und die Marinade gerührt. Die Frühlingszwiebeln waschen und in feine Ringe schneiden.

Die Möhre putzen und in dünne Scheiben schneiden. Die Radicchioblätter waschen. Die Salatgurke schälen, der Länge nach halbieren und mit einem kleinen Löffel die Kerne auskratzen. (Das ist nötig, weil der Salat sonst verwässert wird.) Ebenfalls in Scheiben schneiden. Die Tomate, die Paprikaschote und den Käse würfeln. Alles in eine Schüssel füllen.

3. 1/2 Teelöffel Salz mit dem Essig und dem Senf glattrühren, das Öl unter Rühren zugießen.

4. Die Kräuter hacken.

5. Den gegarten Dinkel in einem Sieb kurz kalt spülen. Zu den Gemüsen geben und alles mit der Marinade übergießen.

6. Mit Pfeffer und den Kräutern würzen.

Variante:
Diesen Salat können Sie beliebig variieren. Nehmen Sie statt Appenzeller Emmentaler, alten Gouda oder Schafkäse, statt Dinkel Grünkern, Gerste oder Reis. Walnuß- oder Kürbiskern- statt Olivenöl gibt eine andere Geschmacksnote, mit Knoblauch, Essiggurken oder Kapern kommt zusätzliche Würze an den Salat. Und an Gemüse nehmen Sie, was Sie gerade zur Hand haben. Blattsalate müssen fest sein. also Endivien- statt Kopfsalat.

Feldsalat mit Walnüssen

Zutaten:
75 g Feldsalat
1/2 Bund Petersilie
1 Frühlingszwiebel, ersatzweise
1 Schalotte
4-5 Walnüsse
1 Eßl. Walnußöl
1/2 Eßl. Zitronensaft
Salz
Pfeffer, frisch gemahlen
1 Prise Zucker

Raffiniert

Diese Menge enthält etwa:
940 kJ/220 kcal
5 g Eiweiß · 21 g Fett
5 g Kohlenhydrate

• Zubereitungszeit: etwa
  10 Minuten

1. Den Feldsalat sehr gut waschen und putzen, damit keine Sandkörner mehr daran haften. Die Petersilie waschen und hacken, die Frühlingszwiebel in hauchfeine Ringe schneiden oder die Schalotte in sehr feine Würfel schneiden. Die Walnußkerne grob hacken.

2. Das Öl mit dem Zitronensaft verrühren. Mit Salz, Pfeffer und dem Zucker abschmecken.

3. Vor dem Servieren die Walnüsse darüber streuen.

Bild oben: Gemüsesalat mit Dinkel und Käse.
Bild unten: Feldsalat mit Walnüssen.

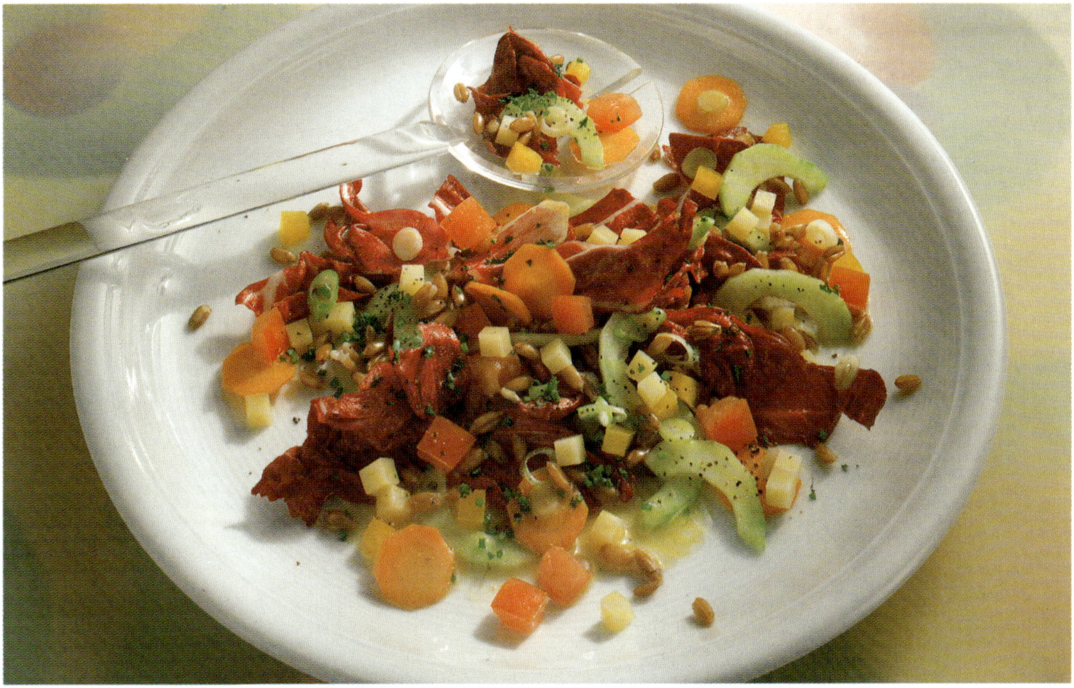

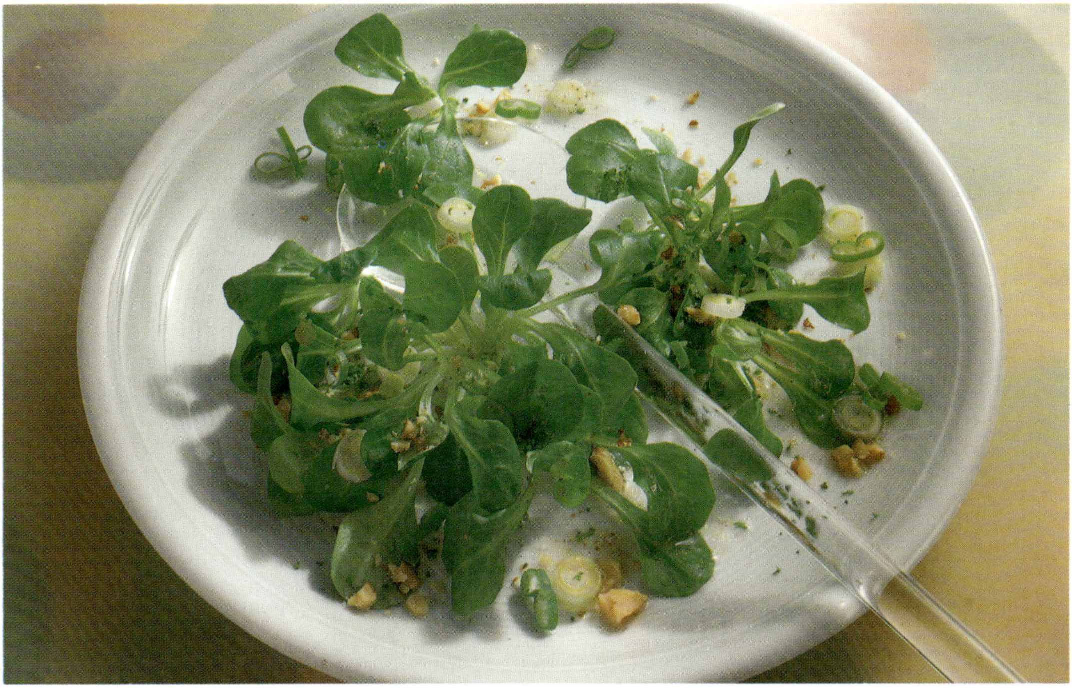

Blätterteig-taschen mit Schafkäse

Wie praktisch, daß es tiefge-kühlten Blätterteig gibt! Er ist immer zur Hand, einzelne Portionen lassen sich bequem entnehmen, er ist schnell gebacken, und das Ergebnis macht immer etwas her. Ob Sie weißen oder Vollkornblätterteig verwenden wollen, hängt nur von Ihrem Geschmack ab. Vollkornblätterteig gibt es im Reformhaus und auch schon in manchen Supermärkten.

Zutaten:
2 Platten tiefgekühlter Blätterteig
etwas Petersilie
75 g Schafkäse
1 kleines Ei
1/2 Teel. Paprikapulver edelsüß
schwarzer Pfeffer, frisch gemahlen

Gelingt leicht
Raffiniert

Diese Menge enthält etwa:
3000 kJ/710 kcal
22 g Eiweiß · 51 g Fett
40 g Kohlenhydrate

• Zubereitungszeit: etwa
30 Minuten

1. Die Teigplatten aus der Packung nehmen, trennen und zum Auftauen auf ein Brett legen. Die Petersilie hacken und den Schafkäse in einer Schüssel zerkrümeln. Den Backofen auf 200° vorheizen.

2. Das Ei aufschlagen und in einer Schüssel verquirlen. Vom Ei den größeren Teil zum Schafkäse geben, einen kleinen Rest zum Bestreichen der fertigen Teigtaschen zurückbehalten. Den Schafkäse mit dem Ei, der Petersilie, dem Paprikapulver und einer kräftigen Prise Pfeffer gut vermischen.

3. Die Teigplatten der Breite nach so ausrollen, daß sie annähernd quadratisch sind. In die Mitte jeweils die Hälfte der Käsemasse setzen. Den Teig diagonal übereinanderklappen, so daß dreieckige Taschen entstehen. Die Ränder festdrücken und mit einer Gabel an den Nahtstellen einkerben.

4. Mit einem Pinsel das restliche Ei auftragen. Die Taschen bei 200° auf der mittleren Schiene etwa 15 Minuten lang backen. Sie sollen goldbraun und knusprig sein.

Radicchiosalat mit Putenbrust

Zum Besten, was die Nouvelle cuisine uns beschert hat, gehören die warm-kalten Salate, die als Vor- oder Zwischengericht gut sind, aber auch mal die Hauptmahlzeit ersetzen können. Wenn Sie die winzigen, sehr aromatischen Cocktailtomaten nicht bekommen, ersetzen Sie sie bitte durch 1 Fleischtomate.

Zutaten:
1 kleiner Kopf Radicchio
1 Frühlingszwiebel
50 g Champignons
6 Cocktailtomaten
100 g Putenbrust
1 Eßl. Öl zum Braten
2 Eßl. Sonnenblumenöl für die Marinade
2 Eßl. Sherryessig
Salz
Pfeffer, frisch gemahlen
1 Prise Zucker
1 Teel. Kapern

Raffiniert

Diese Menge enthält etwa:
1500 kJ/360 kcal
28 g Eiweiß · 25 g Fett
4 g Kohlenhydrate

• Zubereitungszeit: etwa 15 Minuten

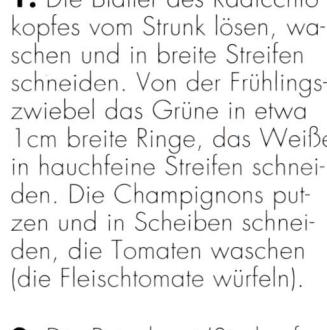

1. Die Blätter des Radicchiokopfes vom Strunk lösen, waschen und in breite Streifen schneiden. Von der Frühlingszwiebel das Grüne in etwa 1 cm breite Ringe, das Weiße in hauchfeine Streifen schneiden. Die Champignons putzen und in Scheiben schneiden, die Tomaten waschen (die Fleischtomate würfeln).

2. Die Putenbrust (Sie kaufen Sie fertig filetiert) in mundgerechte Streifen schneiden. Das Bratöl in einer kleinen Pfanne erhitzen und das Fleisch darin unter ständigem Rühren und Wenden 2–3 Minuten braten. Zur Seite stellen.

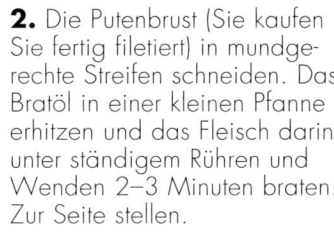

3. Für die Marinade das Sonnenblumenöl mit dem Essig verrühren und mit Salz, Pfeffer und dem Zucker abschmecken.

4. Einen großen flachen Teller mit den Radicchiostreifen auslegen. Das kleingeschnittene Gemüse und die Tomaten darauf verteilen. Zuletzt die lauwarmen Fleischstreifen auf den Salat legen und die Kapern darüber streuen. Mit der Marinade übergießen. Die Fleischstücke extra mit etwas grobem Pfeffer bestreuen.

Räucherlachs mit Rührei

Ein ebenso simpler wie feiner Imbiß ist Lachs zu Rührei. Wenn Sie es weniger vornehm wünschen: Rührei paßt zu jeder Art von Räucherfisch.

Zutaten:
2 Eier
1 Eßl. Mineralwasser
Salz
1–2 Teel. Butter (je nach Pfanne)
Pfeffer, frisch gemahlen
50 g Räucherlachs
etwas frischer Dill, ersatzweise Petersilie

Etwas teurer
Ganz einfach

Diese Menge enthält etwa:
730 kJ/170 kcal
11 g Eiweiß · 15 g Fett
1 g Kohlenhydrate

- Zubereitungszeit: etwa 10 Minuten

1. Die Eier mit dem Mineralwasser und einer Prise Salz verquirlen.

2. In einer kleinen Pfanne die Butter erhitzen. Die Eier hineingießen und unter ständigem Rühren mit dem Holzlöffel stocken lassen. Etwas Pfeffer darüber mahlen.

3. Den Lachs mit dem Rührei auf einem vorgewärmten Teller anrichten. Mit ein paar gezupften Dillspitzen oder Petersilienblättern garnieren. Dazu schmeckt Toast oder, besonders fein, Walnußbrot.

Omelett mit Käse und Salbei

Durch Füllungen sind Omelettes vielfältig zu variieren. Fix gemacht sind sie außerdem – gerade deswegen erfordert die Zubereitung aber auch ein wenig Aufmerksamkeit und Präzision.

Zutaten:
40 g alter Gouda
4–5 Salbeiblätter
2 Eier
weißer Pfeffer, frisch gemahlen
1–2 Teel. Butter (1 für eine beschichtete Pfanne, 2 für eine Eisenpfanne)

Schnell • Preiswert

Diese Menge enthält etwa:
1800 kJ/430 kcal
26 g Eiweiß · 35 g Fett
1 g Kohlenhydrate

- Zubereitungszeit: etwa 10 Minuten

1. Den Käse reiben und den Salbei fein schneiden.

2. Die Eier in eine Schüssel schlagen, den Käse und den Salbei zufügen. Leicht pfeffern und nur kurz mit der Gabel durchmischen.

3. Die Butter richtig heiß werden lassen. Sie soll schäumen, aber noch nicht braun werden.

4. Die Eiermasse in die Pfanne gießen und bei starker

Hitze unter gelegentlichem Rütteln in 2–3 Minuten fertig braten.

5. Aus der Pfanne auf den vorgewärmten Teller gleiten lassen. Dabei umklappen. Die Innenseite ist weich, die Außenseite sanft gebräunt.

Tip!

Zum Braten von Eierspeisen braucht man eigentlich eine richtige Eisenpfanne – oder eine beschichtete Pfanne. Wenn Sie das Omelett doch in der Edelstahlpfanne brutzeln, müssen Sie reichlich Butter nehmen.

Varianten:
Mit den Varianten zum Thema Omelette kann man Kochbücher füllen. Hier nur ein paar Anregungen: pikanter noch als im Rezept ist das Omelett mit Schafkäse, milder mit Emmentaler. Mischen Sie grob gehackte Nüsse in die Masse oder vorgegarten Blattspinat. Backen Sie das Omelett ohne Käse und geben Sie eine Scheibe Räucherlachs und einen Klacks dicker Sahne zum fertigen Pfannenei, oder servieren Sie ein Käseomelett mit warmen Tomatenwürfeln.

Im Bild oben: Räucherlachs mit Rührei
Im Bild unten: Omelett mit Käse und Salbei

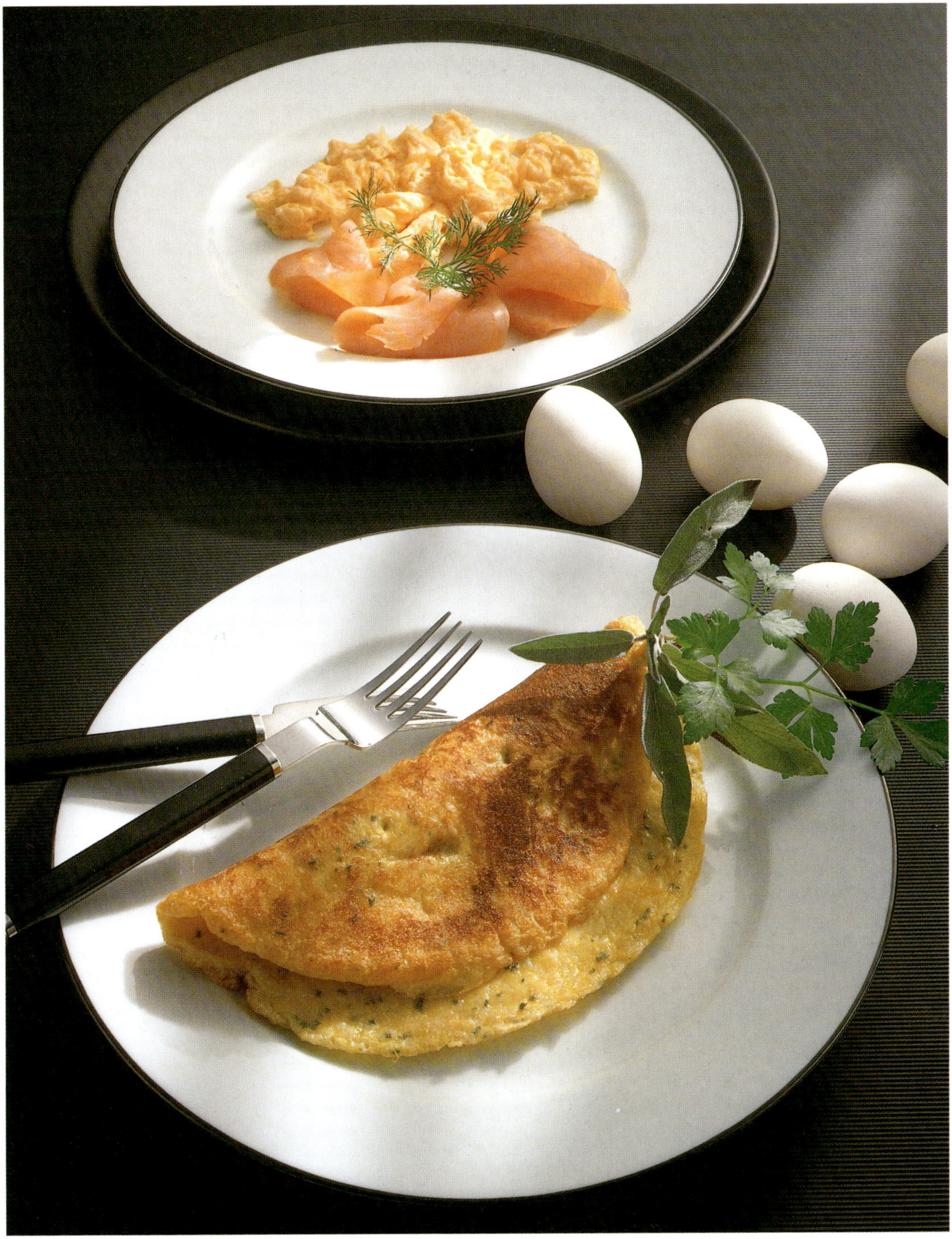

Rindfleischsuppe

Etwas Zeit braucht eine gute Suppe schon, Arbeit macht sie trotzdem kaum: die meiste Zeit köchelt sie alleine vor sich hin. Fleisch und Markknochen in einem ist die sogenannte »Beinscheibe« – also genau das Richtige für uns Single-Köche.

Zutaten:

1 Beinscheibe vom Rind,
etwa 350–400 g
1 kleine Zwiebel
1 Bund Suppengrün
Salz
einige ganz schwarze Pfefferkörner
1 Knoblauchzehe
1 Gewürznelke
etwas Petersilie

**Braucht etwas Zeit
Gelingt leicht**

Diese Menge enthält etwa:
3300 kJ/790 kcal
66 g Eiweiß · 58 g Fett
3 g Kohlengydrate

- Zubereitungszeit: etwa
  1 1/2 Stunden

1. Die Beinscheibe kalt abspülen, um eventuelle Reste von Knochensplittern zu entfernen, mit Küchenkrepp trockentupfen.

2. Die Zwiebel schälen und quer halbieren. Einen kleinen hohen Kochtopf von etwa 2 l Inhalt heiß werden lassen. Die Zwiebelhälften mit den Schnittflächen auf den heißen Topfboden legen und anrösten. Wenn sie anfangen, schwarz zu werden, das Fleisch darauflegen, das Suppengrün dazulegen und alles mit 1 l kaltem Wasser übergießen. Das Salz, die Pfefferkörner und nach Belieben den Knoblauch und die Nelke dazugeben und das Ganze zum Kochen bringen.

3. Wenn die Suppe kocht, die Temperatur so zurückschalten, daß die Brühe im offenen Topf leise vor sich hin köchelt. Aufsteigenden grauen Schaum mit dem Schaumlöffel abheben.

4. In der Zwischenzeit etwas Petersilie hacken und nach Wunsch Suppeneinlagen kochen: Nudeln, Reis oder Klößchen müssen stets gesondert in Salzwasser gekocht werden, weil durch die Stärke die klare Brühe getrübt würde.

5. Nach etwa 1 1/2 Stunden ist die Suppe fertig. Probieren Sie einen Löffel davon, schneiden Sie ein kleines Stück vom Fleisch ab, um zu sehen, ob es weich ist.

6. Das Fleisch herausnehmen, vom Knochen lösen und kleinschneiden. Fleisch im Teller mit Brühe übergießen, mit Petersilie bestreuen. Das Mark des Knochens schmeckt mit etwas Salz und Pfeffer auf einem Stück Brot.

Variante:

Auf die gleiche Weise wie die hier beschriebene Rindfleischsuppe können Sie auch andere Brühen herstellen: Hühnersuppe beispielsweise, für die Sie entweder ein ganzes Suppenhuhn oder sogenanntes »Hühnerklein« (das sind die billigen Teile) verwenden. Für einen großen Topf Suppe (für Gäste) sind auch gemischte Fleischsorten zu empfehlen: Rindfleisch, Huhn und dazu noch einen Kalbsknochen!

Tip!

Die Brühe eignet sich gut zum Einfrieren.

Ein bißchen Zeit braucht sie ja, die Rindfleischsuppe, dafür kann es aber keine Fertigsuppe geschmacklich mit ihr aufnehmen.

Köstliche Tomatensuppe

Für diese Suppe sollten Sie unbedingt frische Tomaten verwenden.

Zutaten:
250 g reife Tomaten
1 Teel. Olivenöl
1/2 Teel. Paprikapulver edelsüß
1 Prise Zucker
1/2 Teel. Basilikum
1 Prise Rosmarin
Pfeffer, frisch gemahlen
Salz
1 Spritzer Zitronensaft
1 Eßl. geschlagene Sahne
etwas Schnittlauch

**Preiswert
Gelingt leicht**

Diese Menge enthält etwa:
550 kJ/130 kcal
3 g Eiweiß · 9 g Fett
11 g Kohlenhydrate

• Zubereitungszeit: etwa
  20 Minuten

1. Die Tomaten waschen und würfeln.

2. Das Öl in einem Topf erhitzen und die Tomatenstücke darin bei schwacher Hitze etwa 5 Minuten dünsten.

3. Die Tomatenmasse durch ein Sieb streichen und in den Topf zurückfüllen.

4. Die Gewürze, die Kräuter und den Zitronensaft hinzufügen und die Suppe noch weitere 5 Minuten leise köcheln lassen.

5. Die fertige Suppe im Teller mit etwas geschlagener Sahne garnieren und mit etwas Schnittlauch verzieren. Auf die Sahne noch etwas groben Pfeffer mahlen.

Grünkernsuppe mit Zucchini

Die Grünkernsuppe schmeckt besonders gut mit Hühnerbrühe. Die Menge ist so berechnet, daß einer sich richtig daran sattessen kann. Als Vorspeise reicht sie für 2 oder sogar 3 Personen.

Zutaten:
1 kleine Zwiebel
1 Knoblauchzehe
1 Eßl. Olivenöl
40 g Grünkerngrieß
350 ccm fertige Hühnerbrühe oder:
200 ccm Hühnerfond und
150 ccm Wasser
1 kleiner Zucchino
50 g Champignons
3–4 Basilikumblätter, ersatzweise Petersilie
1 Prise Muskatnuß, frisch gerieben
Pfeffer, frisch gemahlen
Salz
1 Eßl. Crème fraîche

Vollwertrezept

Diese Menge enthält etwa:
1200 kJ/290 kcal
8 g Eiweiß · 14 g Fett
31 g Kohlenhydrate

• Zubereitungszeit: etwa
  30 Minuten

1. Die Zwiebel und den Knoblauch schälen und fein hacken. Beides in einem kleinen Topf bei mittlerer Hitze sanft in Olivenöl anbräunen. Nach etwa 3 Minuten den Grieß zufügen und unter Rühren mitrösten.

2. Mit der Hühnerbrühe ablöschen und einmal aufkochen. Bei schwacher Hitze im geschlossenen Topf noch etwa 20 Minuten ausquellen lassen.

3. Während der Grünkern quillt, den Zucchino waschen und in kleine Eckchen schneiden oder auf der Rohkostreibe grob raffeln. Die Champignons putzen und blättrig schneiden. Das Basilikum hacken.

4. Wenn der Grünkern gar ist, das Gemüse und das Basilikum hinzufügen und nur kurz mitziehen lassen. Mit dem Muskat, Pfeffer und Salz abschmecken. Die Crème fraîche hineinrühren und die Suppe auf den Tisch bringen.

Bild oben: Köstliche Tomatensuppe
Bild unten: Grünkernsuppe mit Zucchini

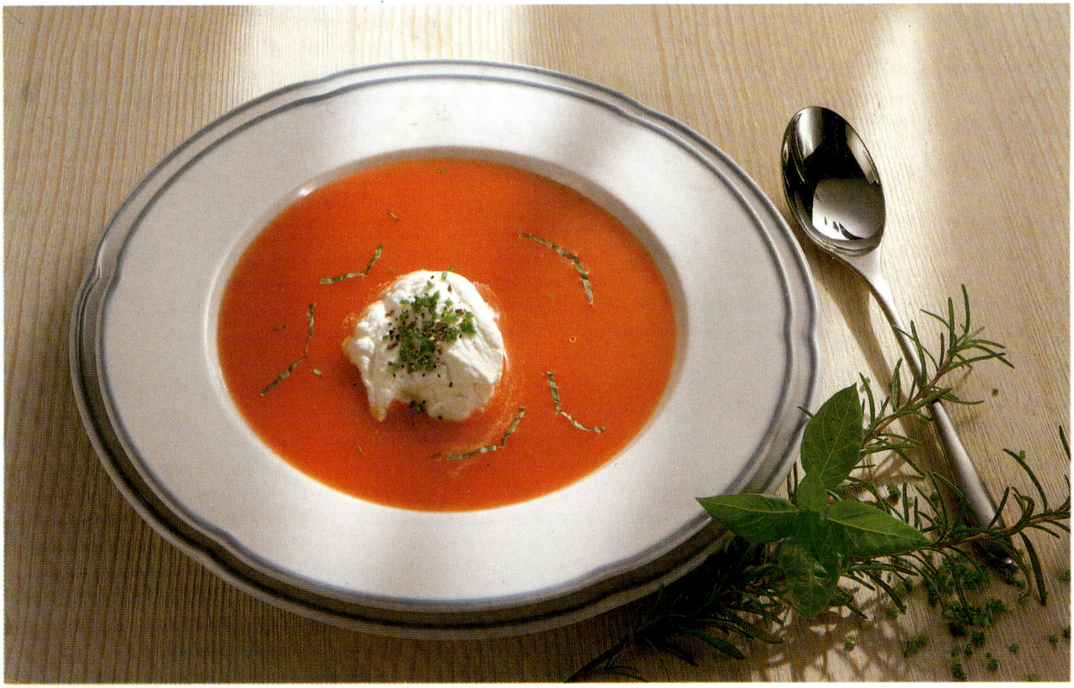

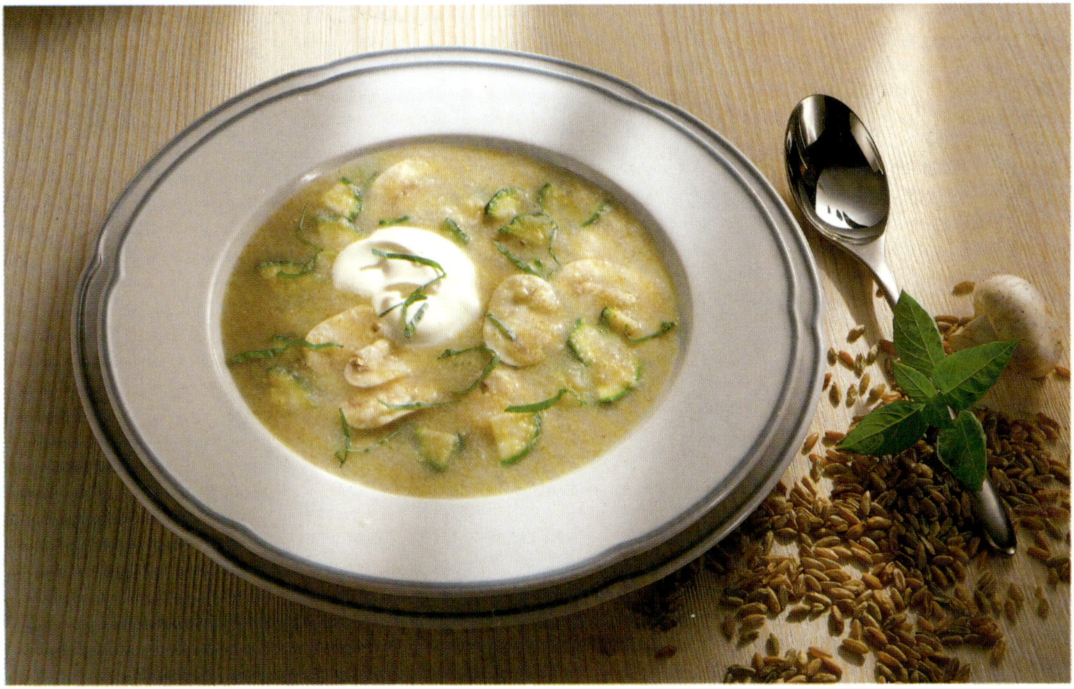

Möhrensuppe mit Tofunocken

Aus Gemüse, welches erst knapp gegart und dann püriert wird, lassen sich im Handumdrehen zahlreiche feine Suppenvarianten zubereiten. An der Möhrensuppe mit den Tofunocken kann sich eine Person richtig sattessen. Tofu ist »Quark« aus Sojabohnen, den Sie im Reformhaus oder Naturkostladen erhalten.

Zutaten für die Nocken:
Salz
100 g Tofu
1 Knoblauchzehe
1 kleines Ei
2 Eßl. Paniermehl
1 Teel. Curry
1 Eßl. gemischte Kräuter
weißer Pfeffer, frisch gemahlen
Zutaten für die Suppe:
250 g Möhren
1 kleine Zwiebel
1 Eßl. Butter
400 ccm Gemüsebrühe (oder 1/8 l Hühnerfond + 1/4 l Wasser)
1/2 Teel. getrocknete Kräuter der Provence
1 Messerspitze gemahlener Koriander
etwas Petersilie
1 Teel. Zitronensaft
1 Eßl. Crème fraîche

Braucht etwas Zeit

Diese Menge enthält etwa:
1500 kJ/360 kcal
19 g Eiweiß · 19 g Fett
32 g Kohlenhydrate

- Zubereitungszeit: etwa 45 Minuten

1. Für die Nocken 1 1/2 Liter Salzwasser aufsetzen. Den Tofu mit einer Gabel zerdrücken. Die Knoblauchzehe fein hacken, die Hälfte davon zum Tofu geben, den Rest für die Suppe aufheben. Das Ei, das Paniermehl, den Curry und die Kräuter mit dem Tofu vermischen und mit Salz und Pfeffer abschmecken. Die Masse soll sehr dick, aber nicht hart oder trocken sein. Eventuell mit ein paar Tropfen Wasser oder Öl geschmeidiger machen.

2. Wenn das Wasser kocht, die Hitze zurückschalten. Mit 2 Eßlöffeln Nocken abstechen und in das schwach kochende Salzwasser gleiten lassen. Die Nocken etwa 5 Minuten im Salzwasser ziehen lassen, herausnehmen und in einem Sieb abtropfen lassen.

3. Für die Suppe die Möhren mit dem Sparschäler schälen und in etwa 1/2 cm dicke Scheiben schneiden. Die Zwiebel grob hacken und zusammen mit dem Knoblauch, der von den Nocken übrig ist, in der Butter in einem kleinen Topf etwa 2 Minuten andünsten. Die Möhren dazugeben, auf starke Hitze schalten, und die gesamte Flüssigkeit zu den Möhren gießen. Die getrockneten Kräuter und den Koriander hinzufügen.

4. Wenn die Suppe kocht, auf schwache Hitze zurückschalten und im geschlossenen Topf in etwa 10 Minuten

knapp gar kochen. Jetzt können Sie die Petersilie hacken.

5. Mit dem Pürierstab die Suppe im Topf pürieren, mit dem Zitronensaft und der Crème fraîche verfeinern. Die Nocken kurz in der fertigen Suppe erwärmen. Die Suppe im Teller mit der gehackten Petersilie bestreuen.

Tip!

So eine pürierte Gemüsesuppe können Sie auch aus jedem anderen Gemüse herstellen (es müssen ja nicht immer Nocken dabei sein).
Wieviel Flüssigkeit Sie beim Kochen der Gemüsesuppe brauchen, hängt vom Wassergehalt der Gemüsesorte ab. Gurken und Tomaten etwa brauchen kaum zusätzliche Flüssigkeit, eher trockene, wie Knollensellerie hingegen müssen mit reichlich Brühe aufgegossen werden.

Wenn es einmal schneller gehen soll: die pürierte Karottensuppe schmeckt auch ohne die Tofunocken ausgezeichnet!

Kaltgerührter Petersilien-Sugo

Zutaten ausreichend für 2 Portionen:
1 Bund Petersilie
2 Eßl. Sonnenblumenkerne
2 Eßl. Kapern
4 Eßl. Olivenöl
schwarzer Pfeffer, frisch gemahlen

Besonders schnell Preiswert

Diese Menge enthält etwa:
1800 kJ/430 kcal
7 g Eiweiß · 44 g Fett
2 g Kohlenhydrate

• Zubereitungszeit: etwa
  10 Minuten

1. Die Petersilie waschen und hacken, auch die Sonnenblumenkerne und die Kapern hacken.

2. Die Petersilie, die Sonnenblumenkerne und die Kapern mit dem Olivenöl vermischen, mit Pfeffer würzen. Wegen des hohen Salzgehalts der Kapern ist Salzen meist nicht nötig, doch probieren Sie selbst!
Dazu kochen Sie 100 g Nudeln Ihrer Wahl. Etwas geriebener Parmesan dazu kann, muß aber nicht sein.

Variante:

Etwas aufwendiger in der Herstellung, wegen des feinen Geschmacks aber lohnend, ist der Klassiker unter den kaltgerührten Nudelsughi, das Genueser Pesto: hierfür mischen Sie gehacktes Basilikum mit etwas geriebenem Parmesan und geriebenem Pecorino (ein harter Schafkäse), würzen mit reichlich Knoblauch und rühren das Ganze mit gutem Olivenöl durch.

Bandnudeln mit Pilzragout

Zutaten:
150 g Pilze (Champignons,
Egerlinge oder auch Steinpilze,
Pfifferlinge oder Mischpilze)
1 kleine Zwiebel
1 Knoblauchzehe
1 Eßl. Butter
Salz
weißer Pfeffer, frisch gemahlen
1 Teel. Mehl
100 ccm Gemüsebrühe oder
Kalbsfond
100 g Bandnudeln (weiß oder
Vollkorn)
1 Handvoll Petersilie
2 Eßl. Wein
3 Eßl. süße Sahne

Gelingt leicht Braucht etwas Zeit

Diese Menge enthält etwa:
3000 kJ/710 kcal
21 g Eiweiß · 29 g Fett
86 g Kohlenhydrate

• Zubereitungszeit: etwa
  30 Minuten

1. Die Pilze trocken säubern: mit einer sauberen Bürste oder etwas Küchenkrepp lose Schmutzteilchen entfernen, wenn nötig, mit einer glatten Messerklinge etwas schaben. Bei stark verschmutzten Pilzen den Hut häuten. Dann die Pilze in Scheiben schneiden, große Pilze vorher halbieren.

2. Die Zwiebel und den Knoblauch schälen und fein hacken. Die Butter bei mittlerer Hitze in der Pfanne zerlassen und die Zwiebel und den Knoblauch darin in 3–5 Minuten glasig dünsten. Gleichzeitig einen Topf mit 1 1/2 l leicht gesalzenem Wasser aufsetzen.

3. Die Pilze in den Zwiebeln etwa 2 Minuten unter Rühren mitdünsten. Mit dem Mehl bestäuben und mit der Brühe oder dem Fond aufgießen.

4. Jetzt dürfte das Salzwasser kochen. Die Bandnudeln hineinschütten und garen (Kochzeit je nach Packungsanweisung).

5. Gleichzeitig köcheln die Pilze in der Gemüsebrühe etwa 10 Minuten sanft vor sich hin, in dieser Zeit hacken Sie die Petersilie klein.

6. Die Nudeln abgießen. Das Pilzragout mit dem Wein und der Sahne abrunden, wenn nötig, noch mit etwas Salz und Pfeffer nachwürzen. Das Ragout neben den Nudeln auf einem vorgewärmten Teller anrichten. Mit der Petersilie bestreuen.

Bild oben:
Kaltgerührter Petersilien-Sugo
Bild unten:
Bandnudeln mit Pilzragout

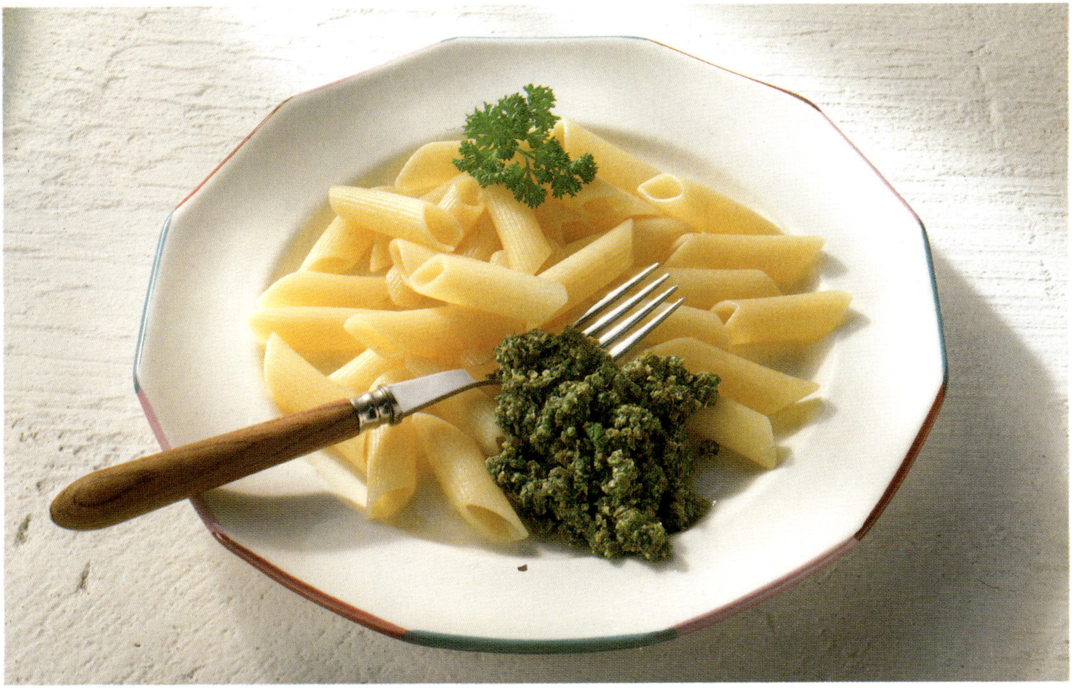

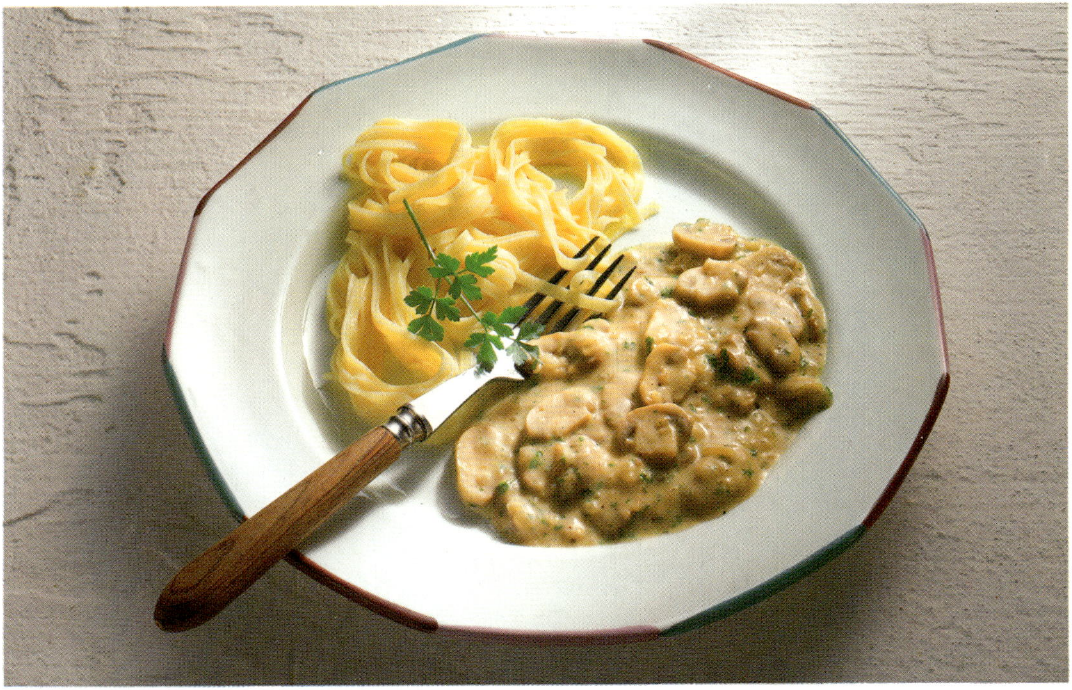

Penne mit Gorgonzola und Nüssen

Gorgonzola, der milde italienische Grünschimmelkäse, schmeckt nicht nur zu Brot. Mit Sahne geschmolzen gibt er eine prima Nudelsauce ab.

Zutaten:

Salz

100 g Penne (oder andere Nudeln Ihrer Wahl)

2–3 Walnüsse

1 Eßl. Butter

50 g Gorgonzola

50 g Sahne

schwarzer Pfeffer, frisch gemahlen

Raffiniert • Preiswert

Diese Menge enthält etwa:
3500 kJ/830 kcal
26 g Eiweiß · 49 g Fett
70 g Kohlenhydrate

• Zubereitungszeit: etwa 15 Minuten

1. In einem großen Topf Wasser mit Salz zum Kochen bringen und darin die Nudeln nach Packungsanweisung kochen.

2. In der Zwischenzeit die Walnüsse hacken. In einer kleinen Pfanne die Butter erhitzen und die Nüsse darin anrösten.

3. Den Gorgonzola zerbröckeln und zu den Nüssen in die Pfanne geben. Mit der Sahne auffüllen und bei schwacher Hitze cremig rühren.

4. Wenn die Nudeln gar sind, abgießen, mit der Sauce vermischen und mit Pfeffer bestreuen. Dazu paßt entweder ein leichter trockener Rotwein oder – ungewöhnlicher, aber reizvoll – ein Weißwein, der nicht zu trocken ist.

Lasagne mit Hühnerleber

Lasagne sind Teigblätter, die – meist mit zweierlei Saucen – im Ofen überbacken werden. Dabei liegt der Pfiff in der Füllung, die man vielfältig variieren kann. Keine Angst, die Lasagne, die ich Ihnen hier zeige, ist weder zu wuchtig noch macht sie übermäßig viel Arbeit.

Zutaten:

300 g Blattspinat, frisch oder tiefgekühlt.
1 kleine Zwiebel
1 Knoblauchzehe
1 Eßl. Olivenöl
100 g Hühnerleber
2 Eßl. Rotwein (eventuell weglassen)
200 g passierte Tomaten
1/2 Teel. Oregano
1/2 Teel. Thymian
1/2 Teel. Paprikapulver, edelsüß
1 Messerspitze Cayennepfeffer
Salz
1 Teel. Butter für die Form
4 Lasagneblätter »ohne Vorkochen«
50 g mittelalter Gouda

Raffiniert
Braucht etwas Zeit

Diese Menge enthält etwa:
3100 kJ/740 kcal
53 g Eiweiß · 35 g Fett
52 g Kohlenhydrate

- Zubereitungszeit: etwa 50 Minuten
- Backzeit: etwa 20 Minuten

1. Frische Spinatblätter waschen bzw. den tiefgekühlten Spinat in einem Topf bei schwacher Hitze nur auftauen. Die Zwiebel und den Knoblauch in kleine Würfel schneiden und in dem Olivenöl anbraten. Die Hühnerleber fein hacken und in den Zwiebeln anbräunen. Mit dem Rotwein ablöschen.

2. Die Tomaten und die Gewürze zufügen, salzen und etwa 5 Minuten köcheln lassen. Den Backofen auf 220° vorheizen. Eine kleine Form (ideal wäre eine rechteckige, eine ovale ist auch nicht schlecht) mit der Butter ausstreichen.

3. Die Spinatblätter vorsichtig etwas auseinanderzupfen, mit Salz und Zitronensaft würzen. Die Hälfte des Spinats in der Form auslegen. 2 Lasagneblätter darauf legen. Nun die Leber-Tomatenmasse darüberstreichen und wieder mit 2 Teigblättern belegen.

4. Den restlichen Spinat darüber ausbreiten. Bitte darauf achten, daß die Teigplatten bedeckt sind, nackte Stellen bleiben hart. Den Käse darüber reiben und im Backofen bei 220° 15–20 Minuten überbacken. Der Käse bildet dabei eine goldene Kruste.

Gebratene Forelle

Wenn Sie Glück und einen Fischhändler in der Nähe haben, kaufen Sie die Forelle frisch, sonst greifen Sie auf tiefgekühlte Ware zurück.

Zutaten:

1 vorbereitete Forelle
(die Vorarbeit übernimmt beim frischen Fisch der Händler)
Saft von 1/2 Zitrone
Salz
weißer Pfeffer, frisch gemahlen
1 Handvoll frische Kräuter
1 Prise Koriander
1 Eßl. Butter

Gelingt leicht

Diese Menge enthält etwa:
1800 kJ/430 kcal
68 g Eiweiß · 18 g Fett
1 g Kohlenhydrate

- Zubereitungszeit: etwa 30 Minuten

1. Den vorbereiteten Fisch unter fließendem Wasser außen und innen waschen, mit Küchenkrepp trockentupfen und außen wie innen mit Zitronensaft beträufeln.

2. Die Forelle außen und innen salzen und pfeffern. Die Kräuter hacken und in den Bauch füllen.

3. Die Butter in einer Pfanne erhitzen und die Forelle auf beiden Seiten jeweils etwa 5 Minuten braten, bei schwacher Hitze und geschlossenem Deckel. Dazu schmecken am besten kleine Pellkartoffeln oder Salzkartoffeln und ein grüner Salat.

Makrele auf Kräutern

Seefisch ist gut für unseren Jodhaushalt und sollte darum auf keinem Speiseplan fehlen. Neben Makrelen können Sie jeden anderen Fisch gleicher Größe auf die beschriebene Weise zubereiten.

Zutaten:

1 Makrele
Saft von 1/2 Zitrone
1 Bund Mischkräuter oder ein Päckchen Kräutermischung, tiefgekühlt
1 kleine Zwiebel oder Schalotte
1 Teel. getrocknete Muskatblüte
2 Eßl. Olivenöl
Salz

Preiswert • Ganz einfach

Diese Menge enthält etwa:
2900 kJ/690 kcal
56 g Eiweiß · 51 g Fett
0 g Kohlenhydrate

- Zubereitungszeit: etwa 30 Minuten

1. Den Fisch unter fließendem Wasser außen und innen waschen und mit Küchenkrepp trockentupfen.

2. Den Fisch außen und innen mit Zitronensaft beträufeln.

3. Die Kräuter und die Zwiebel fein hacken und mit der Muskatblüte mischen. Die Hälfte der Kräuter-Gewürz-Mischung dem Fisch in den Bauch füllen. Wenn Sie Zeit haben, lassen Sie den Fisch etwas ruhen.

4. Das Öl in der Pfanne erhitzen. Den Fisch salzen und bei schwacher Hitze von jeder Seite etwa 5 Minuten braten. Die Haut soll knusprig sein, das Fleisch schön weiß.

5. Noch während der Fisch brät, die übrigen Kräuter in der Pfanne unter ständigem Rühren mitdünsten. Den Fisch im Kräuterbett servieren. Dazu schmecken Broccoligemüse und Kartoffeln.

Bild oben: Gebratene Forelle
Bild unten: Makrele auf Kräutern

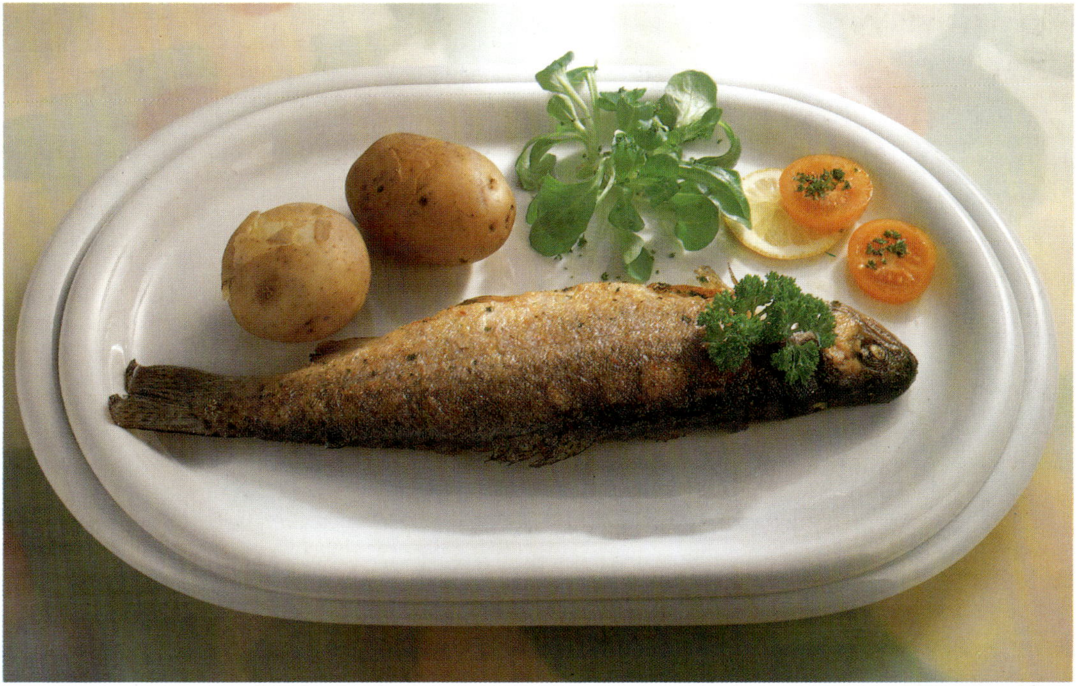

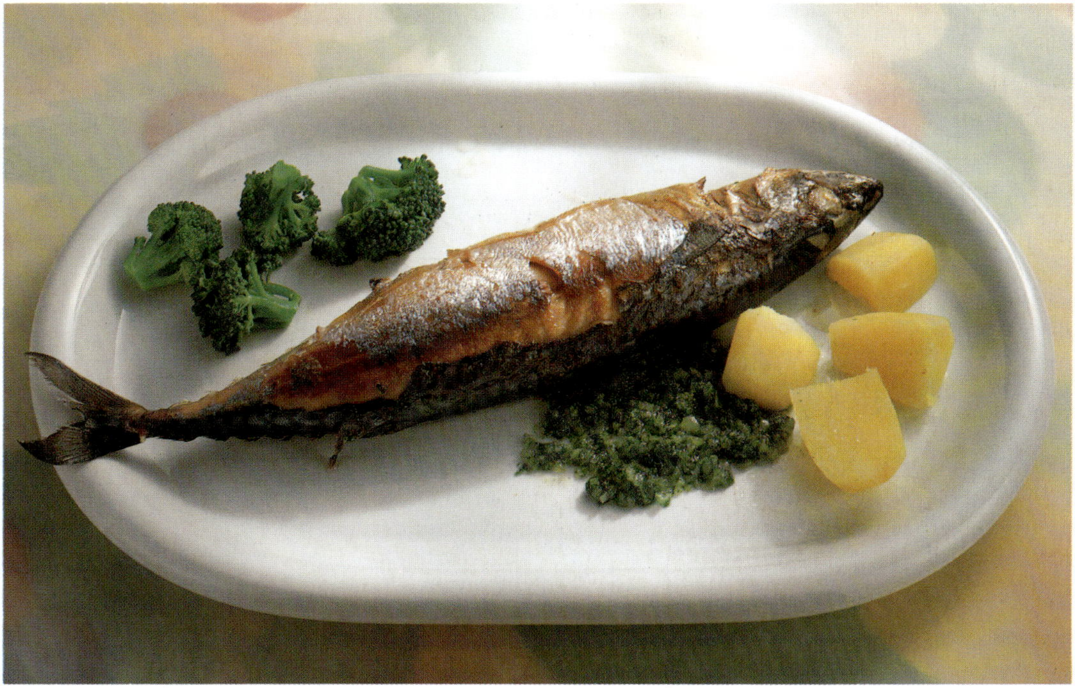

Pochiertes Rinderfilet im Gemüsebett

Rinderfilet ist immer etwas Besonderes. Wenn Sie sich etwas ganz Gutes gönnen wollen, leisten Sie sich ein Stück vom Angus- oder Charolais-Ochsen, das sind besonders wohlschmeckende Sorten. Beim Pochieren im Gemüsesud bewahrt das Fleisch seine ganze Zartheit.

Zutaten:

3 kleine Kartoffeln (etwa 150 g)

200 ccm Kalbsfond aus dem Glas oder Brühe

50 ccm Weißwein

1 Möhre

1 Petersilienwurzel

1 kleine Stange Lauch

150 g Rinderfilet

1/2 Teel. scharfer Senf

2 Eßl. Crème fraîche

Salz

weißer Pfeffer, frisch gemahlen

**Raffiniert
Etwas teurer**

Diese Menge enthält etwa:
1500 kJ/360 kcal
11 g Eiweiß · 18 g Fett
37 g Kohlenhydrate

• Zubereitungszeit: etwa 30 Minuten

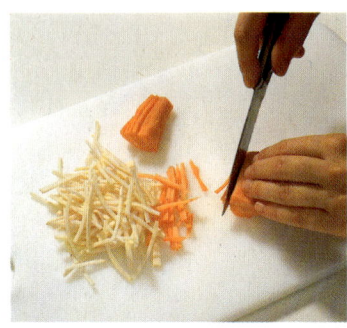

1. Die Kartoffeln in der Schale aufsetzen. Die Möhre schälen und in 3 Stücke teilen, diese der Länge nach in Scheiben schneiden. Die Scheiben in feine Streifen schneiden. Mit der Petersilienwurzel ebenso verfahren. Den Lauch der Länge nach teilen, waschen und ebenfalls in feine Streifen schneiden.

2. Die Brühe zum Kochen bringen, das Gemüse zufügen. Auf schwache Hitze schalten. Das Fleisch kurz unter fließendem Wasser abspülen und mit Küchenkrepp trockentupfen. Ebenfalls in die Brühe einlegen und in etwa 8–10 Minuten garziehen lassen (»pochieren«).

3. Gemüse und Fleisch mit dem Schaumlöffel herausnehmen und warmstellen (zum Beispiel zwischen 2 heißgespülten Tellern). Die Flüssigkeit bei starker Hitze auf wenige Eßlöffel einkochen lassen (»reduzieren«). Den Senf und die Crème fraîche einrühren, mit Salz und Pfeffer abschmecken.

4. Inzwischen sollten auch die Kartoffeln fertig sein. Pellen und zusammen mit dem Gemüse auf einen vorgewärmten Teller legen. Das Fleisch auf das Gemüse betten und mit der Sauce überziehen.

Lammkotelett »provençal«

Das Lammkotelett mit Provence-Kräutern schmeckt nach Sonne und Ferien, und es ist ganz rasch zubereitet.

Zutaten:

1 Lammkotelett
1 Knoblauchzehe
1 Teel. Kräuter der Provence
schwarzer Pfeffer, frisch gemahlen
1 Eßl. Olivenöl
Salz
2 Eßl. Rotwein
1 Eßl. Crème fraîche

Schnell • Gelingt leicht

Diese Menge enthält etwa:
2400 kJ/570 kcal
20 g Eiweiß, 54 g Fett
1g Kohlenhydrate

- Zubereitungszeit: etwa 15 Minuten

Tip!

Statt Lamm können Sie zur Abwechslung auch Hammelkotelett nehmen. Besonders zart wird das Fleisch, wenn Sie es über Nacht in eine Beize aus Buttermilch und Lavendelblüten einlegen.

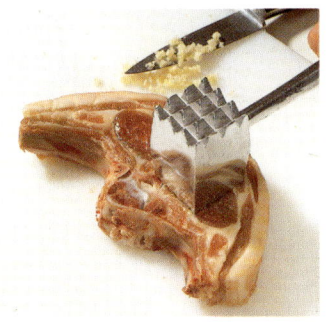

1. Das Kotelett klopfen. Den Knoblauch durch die Presse drücken oder fein hacken.

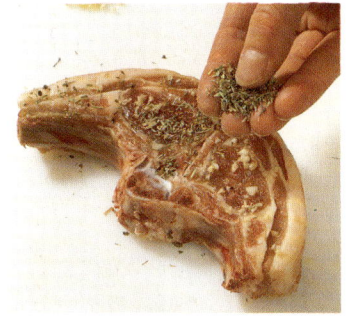

2. Das Kotelett mit der Hälfte des Knoblauchs einreiben. Mit den Kräutern beidseitig bestreuen und mit grobem Pfeffer würzen.

3. Das Öl in der Pfanne erhitzen. Das Kotelett darin anbraten, den restlichen Knoblauch mitbraten. Das Kotelett von jeder Seite etwa 3 Minuten braten, dann aus der Pfanne nehmen und salzen.

4. Den Bratensatz mit dem Rotwein ablöschen. Mit Salz und Pfeffer würzen und mit der Crème fraîche verfeinern. Zum Lammkotelett schmecken am besten grüne Bohnen.

MIT FISCH UND FLEISCH

Hähnchen- keule mit Gemüserisotto

Hühnchen sind für Singles ideal: Die Natur hat schon die Portionsteile vorgeformt, sie sind schnell gar, preiswert und vielseitig. Es lohnt sich, auf Qualität zu achten, denn Fleisch von ehemals glücklichen »Mistkratzern« schmeckt viel besser als Fabrikware. Hühnerfleisch macht jede Geschmacksverwandlung mit: Mit Kokosmilch und Litschis wirkt es exotisch, mit Senf-Estragon-Sauce französisch, und mit Gemüserisotto aus Naturreis liegt es im Trend.

Zutaten:
Für den Risotto:
50 g Naturreis
Salz
1 kleine Möhre
1 kleine Zwiebel
1 Knoblauchzehe
50 g Champignons
1 Eßl. Olivenöl
Für die Hähnchenkeule:
1 frische Hähnchenkeule
Salz
Pfeffer, frisch gemahlen
1 Eßl. Olivenöl
100 ccm Gemüsebrühe oder Kalbsfond (aus dem Glas)
1 Zweig frischer Thymian oder
1/2 Teel. getrockneter Thymian
3 Eßl. trockener Weißwein
1 Eßl. Crème fraîche

Raffiniert
Braucht etwas Zeit

Diese Menge enthält etwa:
2700 kJ/640 kcal
41 g Eiweiß · 29 g Fett
47 g Kohlenhydrate

• Zubereitungszeit: etwa 45 Minuten

1. Den Reis mit 1/2 l Salzwasser kalt aufsetzen und zum Kochen bringen. Bei schwacher Hitze 30–35 Minuten köcheln lassen. Er soll knapp gar sein. In den ersten 10 Minuten haben Sie weiter nichts zu tun – Sie können einen Nachtisch vorbereiten oder vorsorglich schon Gemüse putzen.

2. Inzwischen die Hähnchenkeule säubern, salzen und pfeffern.

3. Das Öl in einer kleinen Pfanne erhitzen, die Keule rundherum darin anbraten. In etwa 15–20 Minuten gar braten. Damit nichts anbrennt, nach und nach einige Löffel von der Brühe zugießen.

4. Gleichzeitig die Möhre, die Zwiebel, die Knoblauchzehe und die Champignons putzen, schälen und in ganz feine Würfel schneiden (die heißen im gehobenen Küchenjargon »Brunoise«).

5. Das Hähnchen zwischendurch wenden und mit dem Thymian bestreuen.

6. Das Öl in einer Stielkasserolle erhitzen, die Gemüse darin etwa 5 Minuten bei mittlerer Hitze braten.

7. Den Reis abgießen und zum Gemüse geben, die restliche Brühe zugießen und etwa 10 Minuten einkochen lassen. Nun sollte der Reis gar und die Flüssigkeit verkocht sein.

8. Während der Risotto kocht, die Keule aus der Pfanne nehmen und warm stellen (notfalls auf dem Risotto). Den Bratensatz mit dem Wein ablöschen und aufkochen. Die Crème fraîche unterrühren.

9. Die Hähnchenkeule mit der Sauce neben dem Risotto anrichten.

Tip!
Statt der Keule können Sie natürlich auch eine ausgelöste Hühnerbrust nehmen und mit dem Gemüserisotto anrichten.

Zur Hähnchenkeule schmeckt der gleiche Wein, der schon in der Sauce ist.

Gefüllte Paprika

Grüne und rote Schoten eignen sich zum Füllen besser als gelbe, die leicht matschig werden.

Zutaten:
Salz
1 große oder 2 kleine Paprika-schoten
1 Eßl. Öl
1 kleine Zwiebel
1 Knoblauchzehe
125 g Rinderhack
1 Eßl. Tomatenmark
1 Salbeiblatt (oder 1 Prise getrockneter Salbei)
einige Basilikumblätter (oder 1/2 Teel. getrockneter Basilikum)
1 Prise Piment
schwarzer Pfeffer, frisch gemahlen
1 gehäufter Eßl. geriebener Käse

Preiswert

Diese Menge enthält etwa:
1700 kJ/400 kcal
34 g Eiweiß · 29 g Fett
6 g Kohlenhydrate

- Zubereitungszeit: etwa 25 Minuten

1. 1/2 l Salzwasser zum Kochen aufsetzen. Die Paprika-schoten waschen, einen Dekkel abschneiden, Kerne und weiße Rippen entfernen. Innen leicht salzen.

2. Die Paprika in dem Salzwasser etwa 10 Minuten bei schwacher Hitze garen. Abgießen und kalt abschrecken.

3. Währenddessen das Öl erhitzen, die Zwiebel und den Knoblauch hacken und im heißen Öl glasig anbraten.

4. Das Hackfleisch in der Pfanne mitbraten, mit dem Kochlöffel dabei die Klümpchen auseinanderdrücken, damit das Fleisch feinkrümelig ist und gleichmäßig gar wird.

5. Wenn das Fleisch gar ist (nach etwa 10 Minuten), das Tomatenmark mit 1 Eßlöffel Wasser glattrühren und zusammen mit den Gewürzen und den Kräutern unter das Fleisch rühren. Kräftig abschmecken. Die fertige Füllung mit dem Käse vermischen und in die Schote(n) füllen. Zusammen mit dem Deckel anrichten.

Würzige Hacksteaks

Der verwendete Kreuzkümmel gibt dem Gericht eine orientalische Note.

Zutaten:
150 g Beefsteakhack (Tatar)
1 Eßl. Schichtkäse oder trockener Quark
1/2 Teel. Kreuzkümmel, gemahlen
Salz
Pfeffer, frisch gemahlen
1 Eßl. Öl zum Braten

Besonders schnell

Diese Menge enthält etwa:
1100 kJ/260 kcal
34 g Eiweiß · 13 g Fett
0 g Kohlenhydrate

- Zubereitungszeit: etwa 10 Minuten

1. Das Fleisch mit dem Schichtkäse und dem Kreuzkümmel gut vermengen, mit Salz und Pfeffer abschmekken.

2. Das Öl in der Pfanne heiß werden lassen. Aus der Fleischmasse mit den Händen zwei flache Buletten formen und von jeder Seite etwa 4 Minuten braten.

Variante:

Wenn Sie den sehr intensiven Geschmack des Kreuzkümmels nicht mögen, würzen Sie mit gehackten Kapern und Sardellen. Die geben sonst Königsberger Klopsen ihr besonderes Aroma. Den Schichtkäse können Sie in diesem Fall weglassen.

Im Bild oben: Gefüllte Paprika
Im Bild unten: Würzige Hacksteaks

Kartoffel-gulasch

Zutaten:
250 g festkochende Kartoffeln
1 kleine Zwiebel
1 kleine Stange Lauch
1 kleine Paprikaschote
2 reife Tomaten
1 Knoblauchzehe
1 Eßl. Distelöl (oder Olivenöl)
1/2 Teel. getrockneter Majoran
1/2 Teel. Paprikapulver edelsüß
1/2 Teel. Kümmel
300 ccm Gemüsebrühe
Salz
Pfeffer, frisch gemahlen
etwas frische Petersilie
1 Eßl. Sherry- oder Balsamico-Essig
1 Eßl. Crème fraîche

Gelingt leicht

Diese Menge enthält etwa:
1500 kJ/360 kcal
9 g Eiweiß · 15 g Fett
48 g Kohlenhydrate

- Zubereitungszeit: etwa
  30 Minuten

1. Die Kartoffeln schälen, kurz abspülen und in etwa 1 cm kleine Würfel schneiden. Die Zwiebel schälen und in Ringe schneiden. Den Lauch der Länge nach halbieren, gründlich waschen und in etwa 1 cm breite Stücke schneiden. Die Paprika waschen, halbieren, von Strunk, Kernen und weißen Rippen befreien und würfeln. Die Tomaten kurz überbrühen, häuten und das Fruchtfleisch würfeln. Die Knoblauchzehe hacken.

2. Das Öl in einem Schmortopf erhitzen und als erstes die Zwiebel und den Knoblauch leicht anbräunen. Die Kartoffeln zufügen und ebenfalls leicht anbräunen.

3. Nun das restliche Gemüse zugeben, die Gewürze darüber streuen. Mit der Brühe aufgießen. Das Kartoffelgulasch zugedeckt 15–20 Minuten sanft schmoren lassen. Die Kartoffeln sollen nicht zerfallen. Zwischendurch die Petersilie hacken.

4. Das fertige Gulasch noch mit etwas Salz und Pfeffer abschmecken. Den Essig und die Crème fraîche unterrühren. Mit Petersilie bestreuen.

Ofen-Kürbis

Zutaten:
1 Scheibe Kürbis, etwa 500 g
1 Eßl. Olivenöl
1/4 Teel. Kümmel, ganz
Salz
Pfeffer, frisch gemahlen
1 kleine Stange Lauch
1 kleiner Bund Dill
50 g Hartkäse (Emmentaler, Gouda)
1 Ei
50 g Crème fraîche
1 Prise Muskatnuß, frisch gerieben
1 Prise Knoblauchpulver

Preiswert
Braucht etwas Zeit

Diese Menge enthält etwa:
2500 kJ/600 kcal
22 g Eiweiß · 44 g Fett
30 g Kohlenhydrate

- Zubereitungszeit: etwa
  45 Minuten

1. Den Kürbis von Schale und Kernen befreien und in Würfel schneiden – nicht allzu klein, sonst verkocht er, ungefähr 2 cm Seitenlänge sind gut.

2. Das Öl in einer nicht zu kleinen Pfanne erhitzen. Die Kürbiswürfel darin anbraten, leicht salzen und pfeffern und den Kümmel zufügen. Bei geschlossenem Deckel 5–7 Minuten dünsten.

3. In der Zeit den Lauch in Ringe schneiden und waschen. Die Lauchringe zum Kürbis geben und weitere 5–7 Minuten mitdünsten. Das Gemüse soll dann knapp gar sein.

4. Inzwischen den Backofen auf 200° vorheizen, den Dill hacken und den Käse reiben. Vom geriebenen Käse 1 Eßlöffel zurückbehalten und das übrige mit dem Dill, dem Ei und der Crème fraîche verrühren, mit den Gewürzen kräftig abschmecken.

5. Das Gemüse unter die Käse-Ei-Masse heben, mit dem restlichen Käse bestreuen und in den Backofen schieben (2. oder 3. Schiene von unten). Der Kürbis ist fertig, wenn er von einer appetitlichen goldbraunen Kruste bedeckt ist.

Im Bild oben: Ofen-Kürbis
Im Bild unten: Kartoffelgulasch

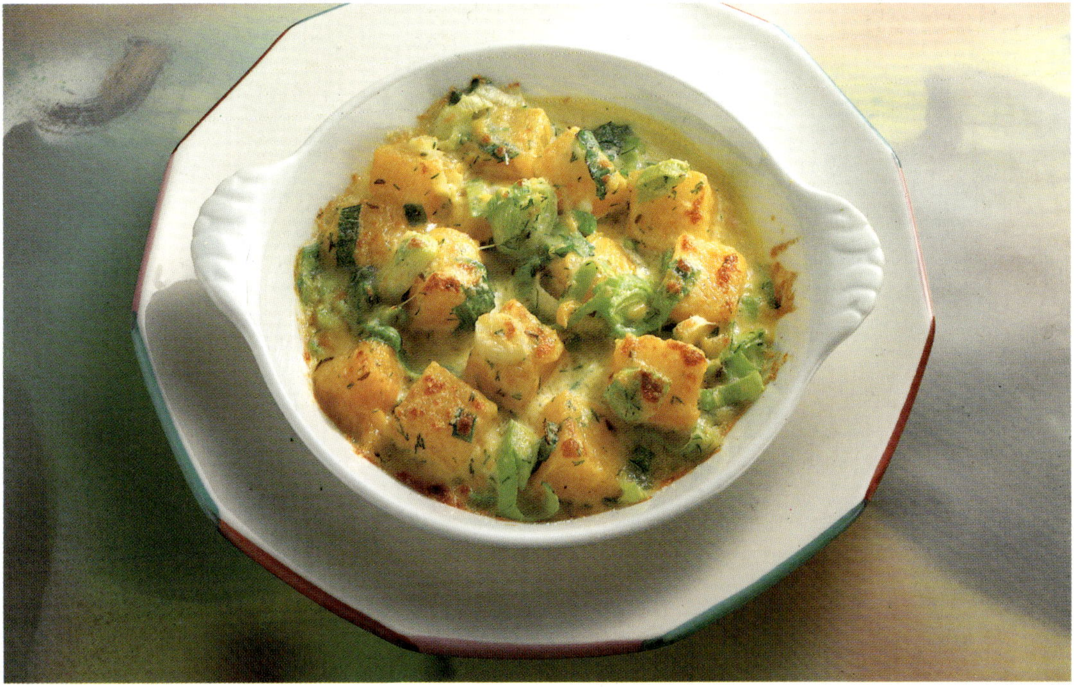

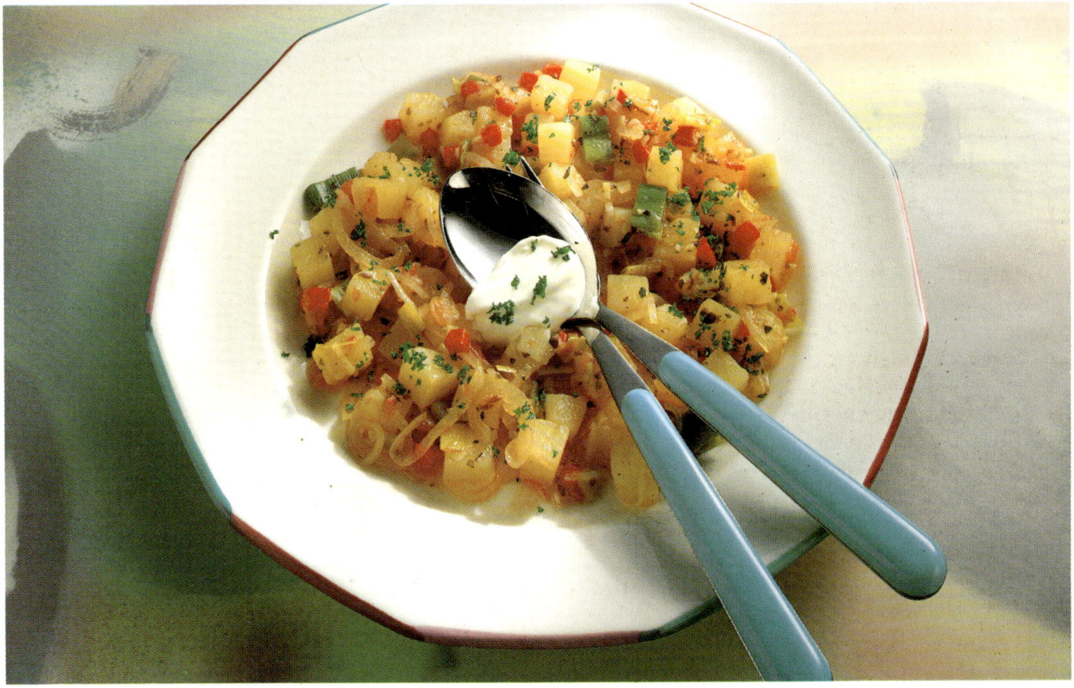

Grünkern mit Möhren und Erbsen

Frische Erbsen gibt es nur im Frühsommer. Außerhalb der Saison behelfen Sie sich mit Erbsen aus der Dose.

Zutaten:

1/8 l Gemüsebrühe

1/8 l Milch

40 g Grünkernschrot

1 Prise Muskatnuß, frisch gerieben

Salz

200 g frische Palerbsen

(oder 100 g bereits ausgelöste)

100 g Möhren

1 Eßl. Olivenöl

1 kleine Handvoll frische Kräuter

(Petersilie, Schnittlauch und Minze)

2 Eßl. Crème fraîche

Vollwertrezept

Diese Menge enthält etwa:
1800 kJ/430 kcal
19 g Eiweiß · 14 g Fett
55 g Kohlenhydrate

- Zubereitungszeit: etwa
  35 Minuten

1. Die Gemüsebrühe mit der Milch zum Kochen bringen, den Grünkernschrot einrieseln lassen. Mit 1 Prise Muskat und etwas Salz würzen. Gut durchrühren, dann bei schwacher Hitze 15–20 Minuten ausquellen lassen.

2. In der Zwischenzeit die Erbsen aus den Schoten lösen und die Möhre putzen und in feine Scheiben schneiden. Die Kräuter hacken.

3. Das Öl in der Pfanne (wenn Sie haben: im chinesischen Wok) erhitzen und die Erbsen mit der Möhre etwa 5 Minuten unter ständigem Rühren sanft braten (»pfannenrühren«).

4. Die gehackten Kräuter und das Gemüse mit dem fertigen Grünkern mischen. Die Crème fraîche unterziehen.

Gemüsegarten im Tontopf

Im Tontopf benötigen Sie kein Fett, alles schmort im eigenen Saft, und die Vitamine bleiben erhalten. Den Gemüsegarten stellen Sie der Jahreszeit entsprechend zusammen, die Zutaten können Sie also beliebig variieren.

Zutaten:

1 Eßl. Olivenöl

1 kleine Aubergine

1 kleiner Zucchino

1 kleine Zwiebel

2 Tomaten

1 kleine Paprikaschote

150 g Kartoffeln

1 Handvoll frische, ersatzweise

1 Eßl. getrocknete Kräuter:

zum Beispiel Basilikum, Thymian,

Rosmarin, Salbei, Minze

1 Teel. Paprikapulver edelsüß

1 Teel. Salz

Pfeffer, frisch gemahlen

Braucht etwas Zeit
Ganz einfach

Diese Menge enthält etwa:
1100 kJ/260 kcal
8 g Eiweiß · 9 g Fett
35 g Kohlenhydrate

- Zubereitungszeit: etwa
  11/4 Stunden

1. Den Tontopf 15 Minuten wässern, danach abtrocknen und mit dem Öl auspinseln.

2. Das Gemüse waschen und zerkleinern. Damit alles gleichzeitig gar wird, Gemüse mit längerer Garzeit (Kartoffeln, Aubergine) in kleinere Stücke schneiden als Gemüse mit kurzer Garzeit.

3. Die Kräuter hacken.

4. Das Gemüse und die Kräuter zusammen mit den Gewürzen in den Tontopf füllen, Deckel aufsetzen.

5. Den Tontopf in den kalten Backofen schieben. Auf 220° schalten und 50–60 Minuten garen.

Bild oben: Grünkern mit Möhren und Erbsen
Bild unten: Gemüsegarten im Tontopf

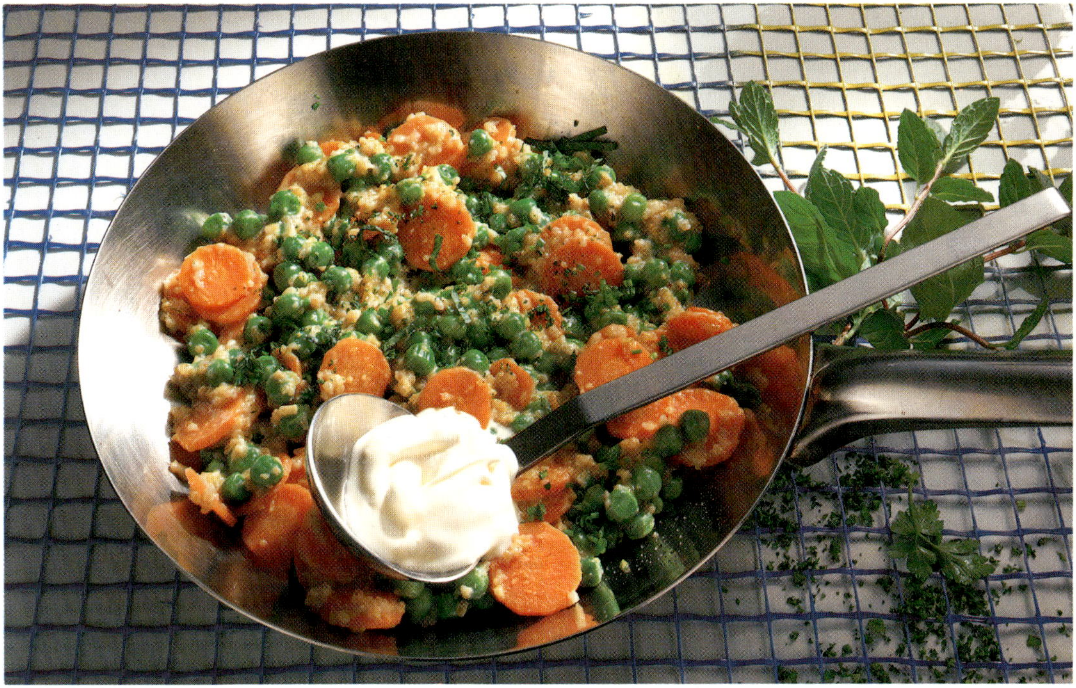

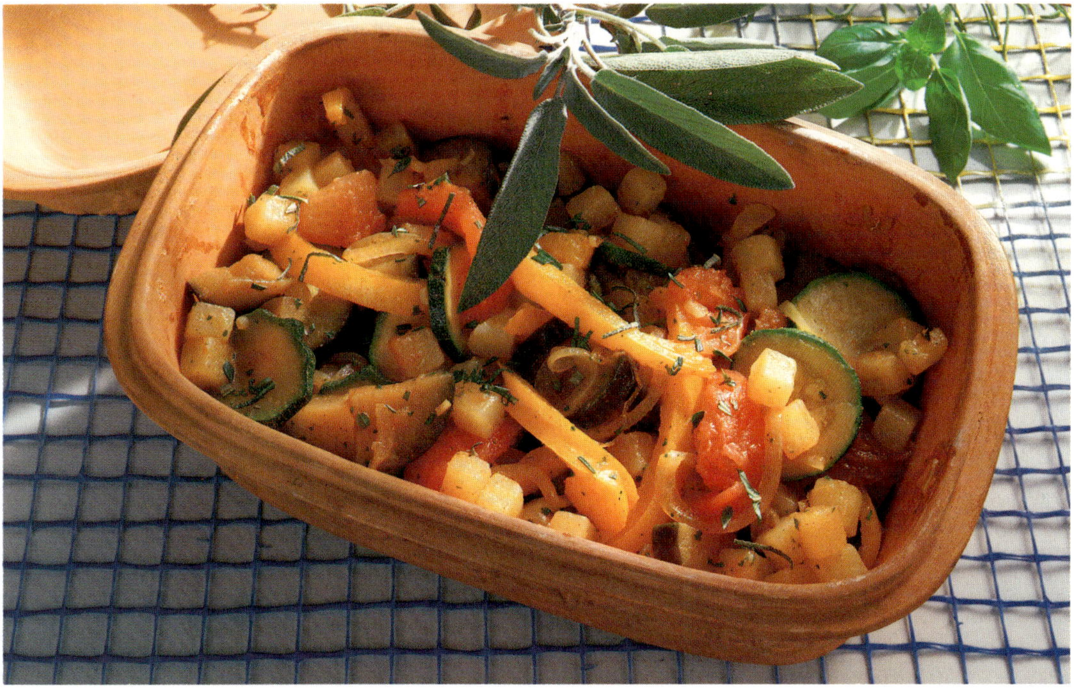

Spanische Tortilla

Zutaten:
200 g Kartoffeln
1 kleine Zwiebel oder 1 Schalotte
1 Eßl. Olivenöl
Gemüsereste, wenn vorhanden
2 Eier
Salz
schwarzer Pfeffer, frisch gemahlen
1 Prise Muskatnuß, frisch gerieben
1/2 Teel. Estragon

Preiswert
Gelingt leicht

Diese Menge enthält etwa:
1600 kJ/380 kcal
18 g Eiweiß · 21 g Fett
33 g Kohlenhydrate

- Zubereitungszeit: etwa
  30 Minuten

1. Die Kartoffeln schälen und würfeln. Die Zwiebel schälen und hacken.

2. In einer Pfanne das Öl erhitzen. Bei mittlerer Hitze Zwiebel und Kartoffeln darin zugedeckt weichdünsten. Zwischendurch mehrmals wenden. Rohes Gemüse gleich mitdünsten, gekochtes erst zugeben, wenn die Kartoffeln schon gar sind.

3. Die Eier verquirlen und kräftig würzen. Über die Kartoffeln gießen und zugedeckt etwa 6 Minuten stocken lassen.

4. Mit Hilfe eines großen Tellers umwenden und die andere Seite goldgelb backen. Innen soll die Tortilla noch weich sein.

Mangoldröllchen mit Tofufüllung

Zutaten:
100 g Tofu
1 kleine Handvoll frische Kräuter nach Wahl (besonders gut, wenn Sie es bekommen können, ist für dieses Rezept Estragon)
1 Knoblauchzehe oder 1 Prise Knoblauchpulver
20 g Walnußkerne (etwa 4 Nüsse)
Salz
Pfeffer, frisch gemahlen
1 Spritzer Zitronensaft
1 Teel. Öl
6 oder 8 große Mangoldblätter
1 Eßl. Butter
3 Eßl. Weißwein
1 Eßl. Crème fraîche

Raffiniert
Vollwertrezept

Diese Menge enthält etwa:
1500 kJ/360 kcal
14 g Eiweiß · 29 g Fett
11 g Kohlenhydrate

- Zubereitungszeit: etwa
  30 Minuten

1. In einem großen Topf Wasser aufsetzen. Den Tofu in einer Schüssel mit der Gabel zerkrümeln.

2. Die Kräuter, den Knoblauch und die Walnüsse hacken und zum Tofu geben. Mit Salz, Pfeffer und dem Zitronensaft kräftig abschmecken, mit dem Öl glattrühren.

3. Die Mangoldblätter im kochenden Wasser etwa 3 Minuten sprudelnd kochen, abgießen und kalt abschrecken.

4. Je zwei Mangoldblätter gegengleich übereinander legen, in die Mitte einen Löffel von der Füllung setzen, an den Seiten einschlagen und aufrollen. Wer es ganz perfekt machen möchte, umwickelt die Röllchen mit Bindfaden, damit sie nicht aufgehen.

5. In einer möglichst kleinen Pfanne oder Topf (ideal ist es, wenn die Mangoldröllchen gerade eben hineinpassen, dann ist das mit dem Verschnüren auch nicht so wichtig) die Butter zerlassen. Die Mangoldröllchen hineinsetzen und zugedeckt etwa 15 Minuten sanft schmoren. Nach der Hälfte der Garzeit den Wein angießen.

6. Die Mangoldröllchen auf einen vorgewärmten Teller setzen, das bißchen Flüssigkeit, das im Topf ist, mit der Crème fraîche verrühren. Sollte wider Erwarten reichlich Flüssigkeit im Topf sein, bei starker Hitze kurz eindampfen lassen.

Im Bild oben: Spanische Tortilla
Im Bild unten: Mangoldröllchen mit Tofufüllung

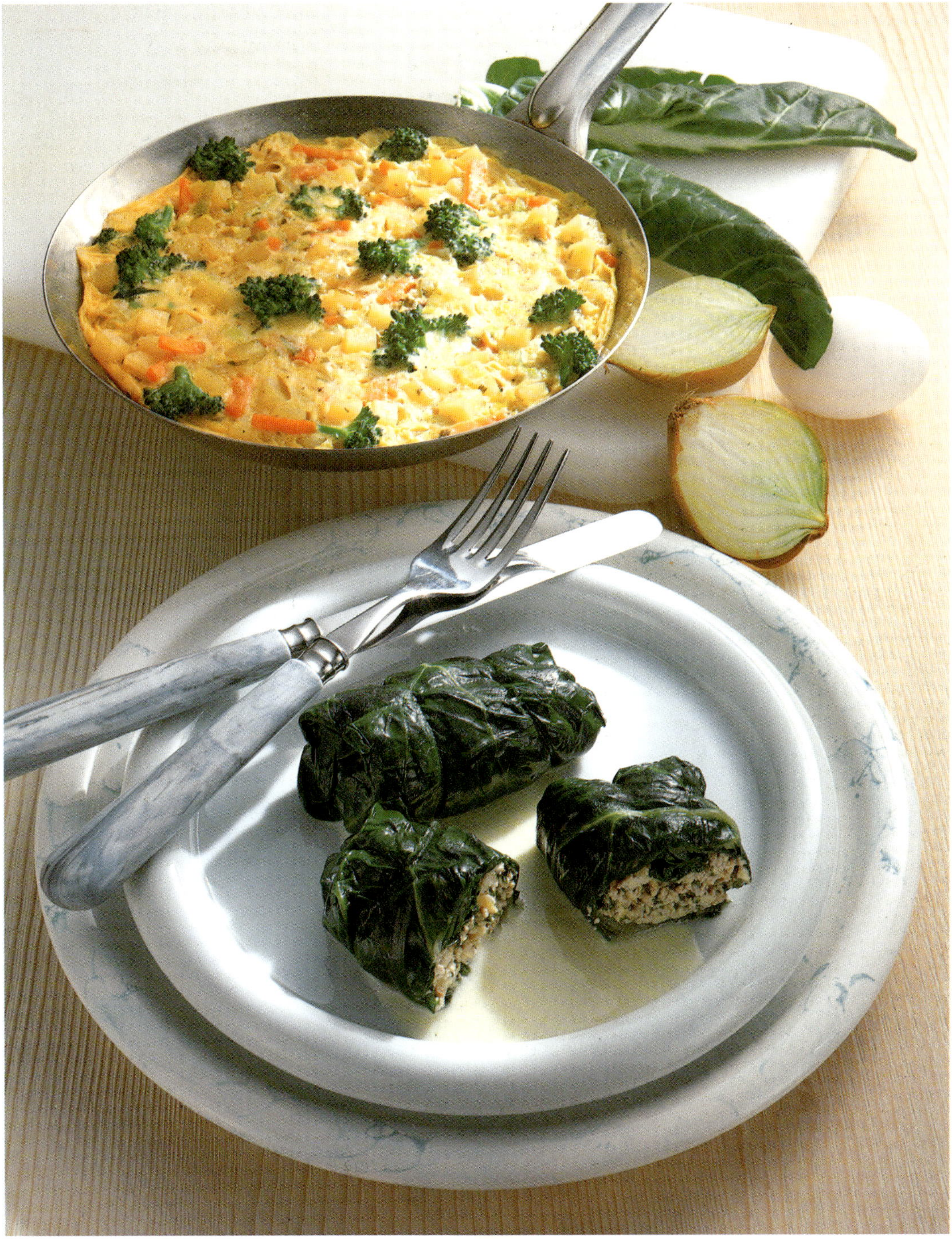

Getreide-küchlein

Zutaten:

1/4 l Milch

100 g geschroteter Dinkel oder anderes Getreide

1/2 Gemüsebrühwürfel

1 kleine Zwiebel oder 1 Schalotte

1 Teel. Butter

1 Ei

1 Prise Muskatnuß, frisch gerieben

Pfeffer, frisch gemahlen

Salz

1-2 Eßl. Öl oder Butter zum Braten

Vollwertrezept Braucht etwas Zeit

Diese Menge enthält etwa:
3100 kJ/740 kcal
27 g Eiweiß · 36 g Fett
77 g Kohlenhydrate

- Zubereitungszeit: etwa 40 Minuten

1. Die Milch aufkochen. Das geschrotete Getreide mit dem Brühwürfel darin aufkochen und etwa 15 Minuten ausquellen lassen.

2. Die Zwiebel schälen, hacken und in der Butter anbraten. Die gebratenen Zwiebeln und das Ei in den Getreidebrei rühren, mit den Gewürzen abschmecken.

3. Das Bratfett in einer Pfanne erhitzen und mit einem Löffel Teighäufchen in die Pfanne setzen. Die Häufchen mit dem Löffel flachdrücken, so daß sie gerade noch fingerdick sind.

Von beiden Seiten goldbraun braten (etwa 4 Minuten auf jeder Seite).

Zu den Getreideküchlein schmeckt folgende Sauce:

Grüne Käsesauce

Diese Sauce paßt zu den hier beschriebenen Getreideküchlein, aber auch zu Nudeln oder Kartoffelplätzchen.

Zutaten:

2 Schalotten, ersatzweise

1 Zwiebel

1 Knoblauchzehe

1 Sträußchen gemischte Kräuter oder 2-3 Eßl. tiefgekühlte Kräutermischung

1 Eßl. Butter

1 Eßl. Mehl

1/8 l Milch

100 g Tortenbrie

Salz

1 Prise Zucker

1 Prise Muskatnuß, frisch gerieben

Pfeffer, frisch gemahlen

2 Eßl. Weißwein

Diese Menge enthält etwa:
2100 kJ/500 kcal
27 g Eiweiß · 35 g Fett
16 g Kohlenhydrate

- Zubereitungszeit: etwa 15 Minuten

1. Die Schalotten schälen und fein hacken. Den Knoblauch sehr fein hacken oder durch die Knoblauchpresse drücken. Das Kräutersträußchen waschen, harte Stiele entfernen. Ebenfalls fein hacken.

2. Zwiebel und Knoblauch in der Butter glasig dünsten (etwa 5 Minuten). Das Mehl darüber stäuben und die Milch aufgießen.

3. Vom Käse oberflächlich die Rinde entfernen. Den Käse zerbröckeln und in die Sauce geben. Dabei kräftig rühren, damit er nicht ansetzt.

4. Die Kräuter in die Sauce rühren und mit den Gewürzen abschmecken. Mit dem Weißwein verfeinern.

Variante:

Die Käsesauce schmeckt auch gut mit Kapern statt Kräutern oder mit Champignons und Nüssen.

Die grüne Käsesauce macht aus den Getreideküchlein ein üppiges Hauptgericht.

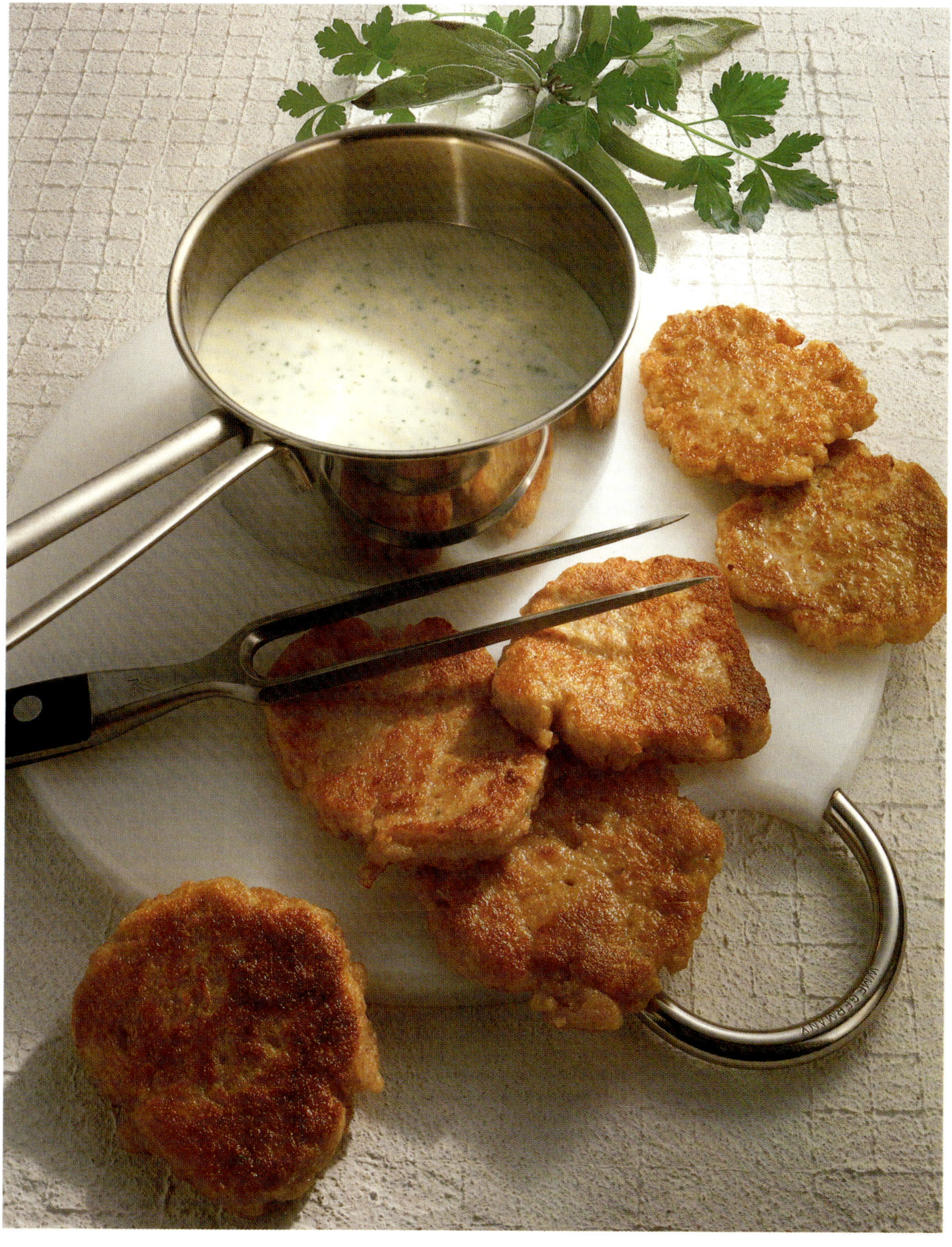

Pizza mit Knoblauch und Kapern

Selbstgemachte Pizza schmeckt einfach am besten. Um das mühsame Hefeteig-kneten mogeln wir uns hier herum, indem wir statt dessen einen Quark-Öl-Teig machen. Er ist wie Hefeteig zu verwen-den, macht aber bedeutend weniger Arbeit und braucht auch keine Zeit zum »Gehen«.

Zutaten:
Für den Quark-Öl-Teig
75 g Magerquark
2 Eßl. Olivenöl
1 Eßl. Milch
Salz
100 g Vollkornmehl
1 Messerspitze Backpulver
1 Teel. Öl für die Form
Für den Belag:
2–3 Eßl. Tomatenpüree oder
(besser) 1 frische Tomate
1 Teel. Oregano, getrocknet
150 g Mozzarella
3 Knoblauchzehen
1 Eßl. Kapern
schwarzer Pfeffer, frisch gemahlen

Gelingt leicht

Diese Menge enthält etwa:
3900 kJ/930 kcal
44 g Eiweiß · 45 g Fett
79 g Kohlenhydrate

• Zubereitungszeit: etwa 40 Minuten

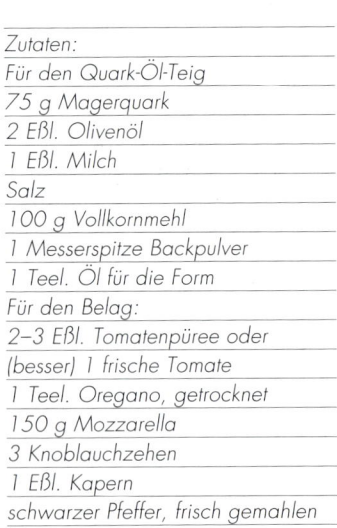

1. Für den Teig den Quark mit dem Öl und der Milch ganz glatt rühren, mit einer kräftigen Prise Salz würzen.

2. Das Mehl mit dem Back-pulver vermischen. Die Hälfte davon mit dem Quark verrüh-ren. Diesen Teig gut mit dem restlichen Mehl verkneten.

3. Den Backofen auf 250° vorheizen. Eine flache runde Form von etwa 22 cm Ø (not-falls tut's die Pfanne, wenn sie keine Kunststoffgriffe hat) mit Öl auspinseln.

4. Den Teig zu einer Kugel formen und zwischen den Händen flach drücken.

5. Den Teig in der Form mit den Händen vorsichtig auswalzen. (Der eierlose Teig kann schlecht ausgerollt werden, er bricht zu leicht.)

6. Das Tomatenpüree auf dem Teig verteilen, den Oregano darüber streuen. Den Mozzarella in Scheiben schneiden und auflegen.

7. Die Knoblauchzehen in feine Scheiben schneiden und damit die Pizza belegen. Die Kapern darüber verteilen, Pfeffer darüber mahlen.

8. Bei 250° etwa 15 Minuten backen. Einschubleiste: knapp unter der Mitte. Die Pizza ist fertig, wenn der Käse zerlaufen und knusprig ist.

Varianten:

Beim Belegen der Pizza sind Ihrer Phantasie keine Grenzen gesetzt. Zum klassischen Repertoire der Pizzabeläge gehören gekochter Schinken, Oliven, Champignons, Artischocken, Peperoni, Sardellen und Muscheln.
Probieren Sie aber auch andere Zutaten aus: Kräuter und Schafkäse machen Ihre Pizza würzig, mit Hackfleisch und Zwiebeln wird sie deftig und mit Lachsstreifen und Sahneguß sehr fein.

Tip!

Fügen Sie, wenn Sie eine größere Menge Pizzateig machen wollen, bitte ein Ei hinzu. Der Teig läßt sich dann leichter verarbeiten.

Pikanter Hirseauflauf

Zutaten:

1/4 l Gemüsebrühe

100 g geschälte Hirse

1 Teel. weiche Butter für die Form

50 g geriebener würziger Käse,

beispielsweise alter Gouda, Appen-

zeller oder Royalp

einige Salbeiblätter

2 Eier

Pfeffer, frisch gemahlen

1 Prise Piment, gemahlen

Vollwertrezept
Braucht etwas Zeit

Diese Menge enthält etwa:
3100 kJ/740 kcal
38 g Eiweiß · 35 g Fett
70 g Kohlenhydrate

● Zubereitungszeit: etwa
  1 1/4 Stunden

1. Die Gemüsebrühe aufko-chen und die Hirse einrieseln lassen. Etwa 20 Minuten bei schwacher Hitze ausquellen lassen.

2. Inzwischen eine Auflauf-form mit der Butter auspinseln, den Käse reiben und den Sal-bei kleinschneiden. Den Back-ofen auf 200° vorheizen.

3. Die Eier trennen. Die Hirse darf zum Weiterverarbeiten nicht mehr ganz heiß sein. Eigelbe und geriebenen Käse mit der Hirse vermischen, mit Pfeffer und dem Piment würzen.

4. Das Eiweiß zu Schnee schlagen und unter die Hirse-masse heben. In die Auflauf-form füllen und etwas unter-halb der Mittelschiene in den Backofen schieben.

5. Bei 200° etwa 40 Minu-ten lang backen. Der Auflauf soll nur goldgelb, nicht braun werden, damit er nicht aus-trocknet.

Reisauflauf

Zutaten:

etwa 250 g bereits gekochter oder

100 g roher Reis

1 Teel. getrockneter Rosmarin

1 Prise Muskatnuß, frisch gerieben

1 Teel. Zucker

1 Prise Piment

weißer Pfeffer, frisch gemahlen

1 Eßl. Speisestärke

100 g Sahne

1 Teel. Butter für die Form

Preiswert
Gelingt leicht

Diese Menge enthält etwa:
3200 kJ/760 kcal
10 g Eiweiß · 36 g Fett
110 g Kohlenhydrate

● Zubereitungszeit: (wenn bereits
  gekochter Reis verwendet wird)
  etwa 30 Minuten

1. Den Reis in Salzwasser kochen oder den bereits ge-kochten Reis in eine Schüssel füllen. Den Backofen auf 220° vorheizen.

2. Den Rosmarin fein zerrei-ben. Mit dem Rosmarin, dem Muskat, dem Zucker, dem Piment und nur einem Hauch Pfeffer den Reis würzen.

3. Die Stärke in der Sahne verrühren und unter den Reis mischen.

4. Eine Auflaufform buttern und die Reismasse einfüllen. Etwas unterhalb der Mitte in den Ofen schieben und etwa 20 Minuten lang backen, bis die Masse die Konsistenz ei-nes festen Breies hat, aber nicht trocken ist.

Im Bild oben: Reisauflauf
Im Bild unten: Pikanter Hirseauflauf

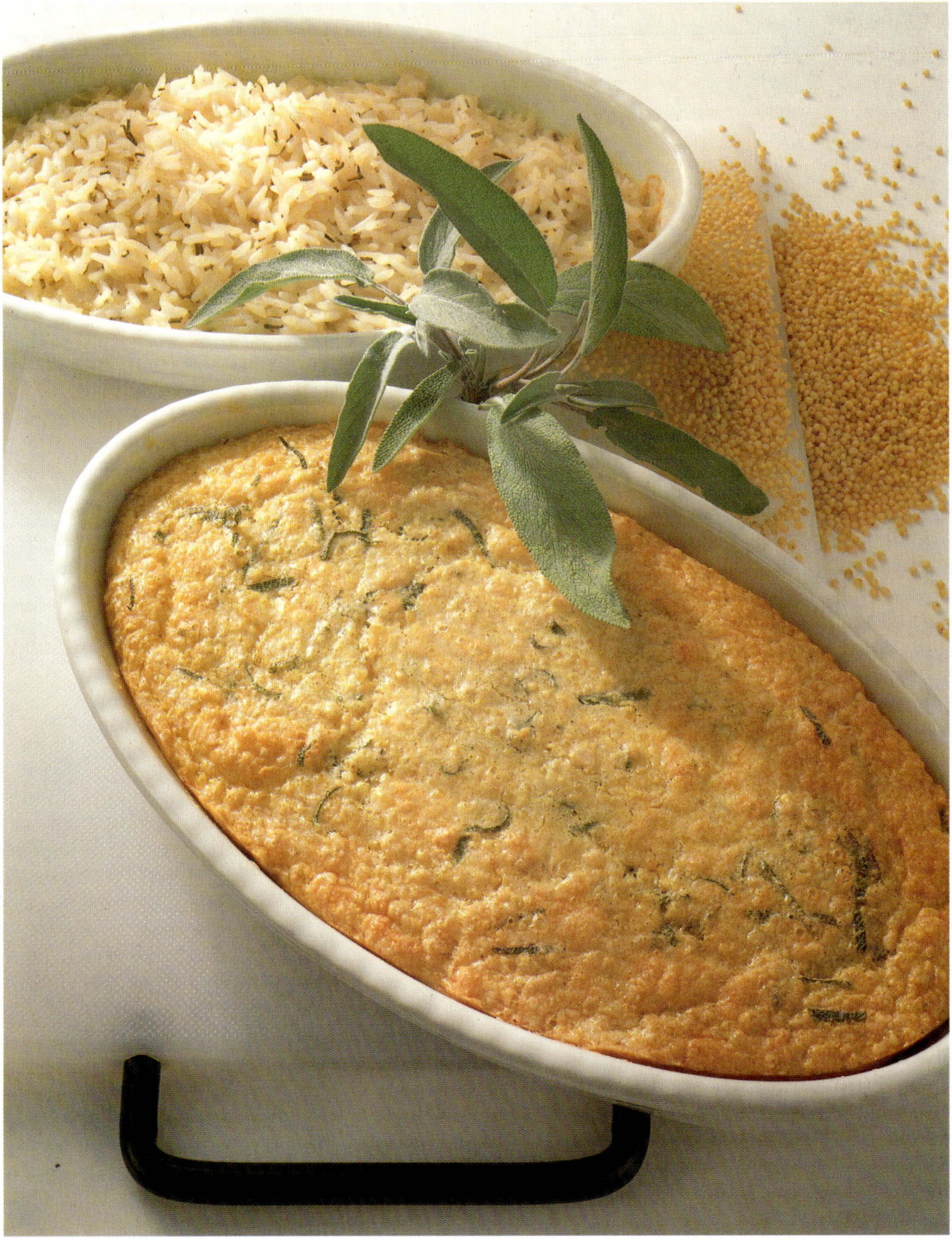

Lauch-Kartoffel-Auflauf

Der Lauch-Kartoffel-Auflauf schmeckt ohne weitere Beilagen, er kann aber selbst eine raffinierte Beilage zu gebratenem Fleisch sein. Dann reicht er für zwei Personen.

Zutaten:
1 Teel. Butter für die Form
1 Ei
1 Eßl. saure Sahne
200 g festkochende Kartoffeln
1 kleine Stange Lauch
100 g Käse zum Reiben, zum Beispiel mittelalter Gouda
schwarzer Pfeffer, frisch gemahlen
1 Prise Muskatnuß, frisch gerieben
Salz
1 Spritzer Zitronensaft

**Raffiniert
Braucht etwas Zeit**

Diese Menge enthält etwa:
2900 kJ/690 kcal
41 g Eiweiß · 42 g Fett
34 g Kohlenhydrate

• Zubereitungszeit: etwa
11/4 Stunden

1. Eine Auflaufform mit der Butter ausfetten.

2. Das Ei mit der sauren Sahne verquirlen.

3. Die Kartoffeln schälen und auf der Rohkostreibe in hauchfeine Scheiben schneiden. Die Kartoffeln direkt in die Eierrahmmischung gleiten lassen, damit sie nicht braun werden.

4. Den Lauch waschen, von unbrauchbaren Blattenden und Würzelchen befreien und in feine Ringe schneiden. Den Lauch unter die Kartoffelmasse mischen. Den Backofen auf 250° vorheizen.

5. Den Käse reiben und unter die Kartoffelmasse mischen. Mit den Gewürzen und dem Zitronensaft abschmecken, in die gebutterte Auflaufform füllen.

6. Im Backofen etwa 45 Minuten lang backen. Dabei sollte während der ersten halben Stunde ein Deckel verwendet werden. Die letzten 15 Minuten ohne Deckel weiterbakken, damit der Auflauf eine appetitliche Kruste erhält.

Variante:

Auch andere Gemüsesorten können in dem Auflauf mitverarbeitet werden. Besonders hübsch sieht es aus, wenn sich zu den gelben Kartoffeln und dem grünen Lauch noch Möhren gesellen, die wie die Kartoffeln hauchfein geschnitten sein sollten.

Tip!

Der Auflauf läßt sich gut auch aus gekochten Kartoffeln vom Vortag machen. Die Kartoffeln werden dann mit dem Messer in Scheiben geschnitten. Die Backzeit verringert sich dadurch wesentlich: auf etwa 20 Minuten. Den Lauch eventuell kurz in der Pfanne andünsten.

Trotz einfacher Zutaten ein raffiniertes Gericht: der Lauch-Kartoffel-Auflauf.

Aprikosen-Schnitten

Diese Aprikosen-Schnitten sind so schnell und leicht gemacht, daß es sich auch für eine Person lohnt.

Zutaten:

1 Blätterteigplatte

1 Eßl. Mehl

6 Aprikosenhälften (dürfen ruhig aus der Dose sein)

etwas gesüßte Schlagsahne zum Garnieren

Preiswert
Ganz einfach

Diese Menge enthält etwa:
1500 kJ/360 kcal
5 g Eiweiß · 20 g Fett
39 g Kohlenhydrate

● Zubereitungszeit: etwa 20 Minuten

1. Den Blätterteig auf ein mit Mehl bestäubtes Brett legen und auftauen lassen.

2. Den Backofen auf 225° vorheizen.

3. Die Blätterteigplatte der Länge nach durchschneiden und jede Hälfte mit 3 Aprikosenhälften belegen – die Innenseite nach unten.

4. Die Schnitten auf ein kalt gespültes Blech setzen und etwa 15 Minuten backen. Der Blätterteig soll oben hellgelb und knusprig, die Unterseite muß trocken und goldgelb sein.

5. Die Schnitten etwas abkühlen lassen und mit Schlagsahne garnieren.

Haselnuß-törtchen

Wenig Arbeit macht dieses kleine Nußtörtchen, das Sie bei gutem Appetit allein verspeisen können, das aber auch zu zweit vernascht werden kann. Zum Backen brauchen Sie entweder eine winzige Guglhupf- oder eine kleine metallene Puddingform. Außerdem brauchen Sie ein Holzstäbchen für die Garprobe: pieken Sie mittenrein – wenn das Holz beim Herausziehen trocken ist, können Sie den Kuchen aus dem Ofen holen.

Zutaten:

1 Teel. Butter für die Form

1 Eßl. Zucker für die Form

1 Ei

1 gestrichener Eßl. Vanillezucker

50 g geriebene Haselnüsse

1 Tropfen Backöl Zitrone

1 Teel. Rum oder 1 Messerspitze Backpulver

1 Prise Zimt

etwas Schlagsahne zum Garnieren

Raffiniert
Gelingt leicht

Diese Menge enthält etwa:
2200 kJ/520 kcal
13 g Eiweiß · 41 g Fett
26 g Kohlenhydrate

● Zubereitungszeit: etwa 30 Minuten

1. Den Backofen auf 200° vorheizen.

2. Die Form mit der Butter ausfetten. Den Zucker einfüllen und die Form so ausschwenken, daß der Zucker sich gleichmäßig verteilt.

3. Das Ei mit dem Vanillezucker zu einer dicken weißlichen Creme aufschlagen (dauert mit dem Handrührer 2–3 Minuten).

4. Die geriebenen Nüsse, das Zitronenöl, den Rum und den Zimt unterrühren.

5. Die Masse in die Form füllen und im Backofen knapp unterhalb der Mitte einschieben. Bei 200° etwa 20 Minuten backen. Etwas vorher mit dem Holzstäbchen die Garprobe machen. Der Kuchen soll oben zart hellbraun sein.

6. Den fertigen Kuchen aus der Form stürzen. Weil die Form gebuttert und gezuckert wurde, löst sich der Kuchen leicht aus der Form, und er ist von einer feinen knusprigen Kruste überzogen.

7. Das leicht abgekühlte Törtchen mit etwas Schlagsahne garnieren.

Im Bild oben: Haselnußtörtchen
Im Bild unten: Aprikosenschnitten

Mousse von der Lieblingsschokolade

Mousse au chocolat ist eine wunderbar duftige Schokoladencreme, die gar nicht so viel Arbeit macht. Ob Sie weiße Schokolade verwenden oder zartbittere, Milchschokolade, Noisette oder Mokka, bleibt ganz Ihrem Geschmack überlassen – nehmen Sie einfach Ihre Lieblingsschokolade!

Zutaten:
30 g Schokolade
20 g Sahne
1 Ei
1/2 Teel. Vanillezucker
1/2 Teel. Zucker für den Eischnee
1 Schuß Cognac (muß nicht sein)

**Raffiniert
Gelingt leicht**

Diese Menge enthält etwa:
1400 kJ/330 kcal
10 g Eiweiß · 22 g Fett
28 g Kohlenhydrate

• Zubereitungszeit: etwa
  15 Minuten

1. Die Schokolade kleinbrechen oder in Stücke schneiden. Mit der Sahne im Wasserbad schmelzen. Dazu eine Schüssel mit der Schokolade in einen mit wenig Wasser gefüllten Topf hängen. Die Schüssel soll das Wasser nicht berühren, sondern nur vom aufsteigenden Dampf erwärmt werden. Das Wasser im Topf soll nicht kochen.

2. Das Ei trennen. Das Eigelb und den Vanillezucker mit dem Schneebesen unter die heiße Schokolade schlagen. Die Schokoladenmasse aus dem Wasserbad nehmen.

3. Das Eiweiß mit dem Zukker zu steifem Schnee schlagen und behutsam unter die gerade noch flüssige Schokoladenmasse heben. Wer möchte, rundet mit einem kleinen Schuß Cognac ab.

4. Die fertige Mousse vor dem Verzehr noch etwas kalt stellen und nach Belieben mit Schlagsahne und Schokostreuseln verzieren.

Zimt-Honig-Parfait

Kleiner Aufwand, große Wirkung: Ein bißchen Sahne, Honig und Zimt zusammenmixen, eine Stunde lang kühlen – fertig ist ein Parfait, das auf der Zunge zergeht.
Sie sollten dieses Parfait aber nicht auf Vorrat zubereiten,

denn: je länger es im Kühlfach ausharren muß, desto härter wird es – und ist dann gar nicht mehr so »perfekt«.

Zutaten:
50 g Sahne
1 Eßl. Honig
1/2 Teel. Zimtpulver

**Raffiniert
Gelingt leicht**

Diese Menge enthält etwa:
920 kJ/220 kcal
1 g Eiweiß · 16 g Fett
18 g Kohlenhydrate

• Zubereitungszeit: etwa
  1 Stunde

1. Die Sahne steif schlagen. Den Honig und den Zimt einrühren.

2. Die Sahne in ein kleines Förmchen füllen (hübsch sind zum Beispiel Soufflé-Portionsförmchen) und ins Tiefkühlfach stellen.

3. Bei -18° gekühlt, ist das Parfait nach 1 Stunde gerade richtig.

Im Bild oben: Zimt-Honig-Parfait
Im Bild unten: Mousse von der Lieblingsschokolade

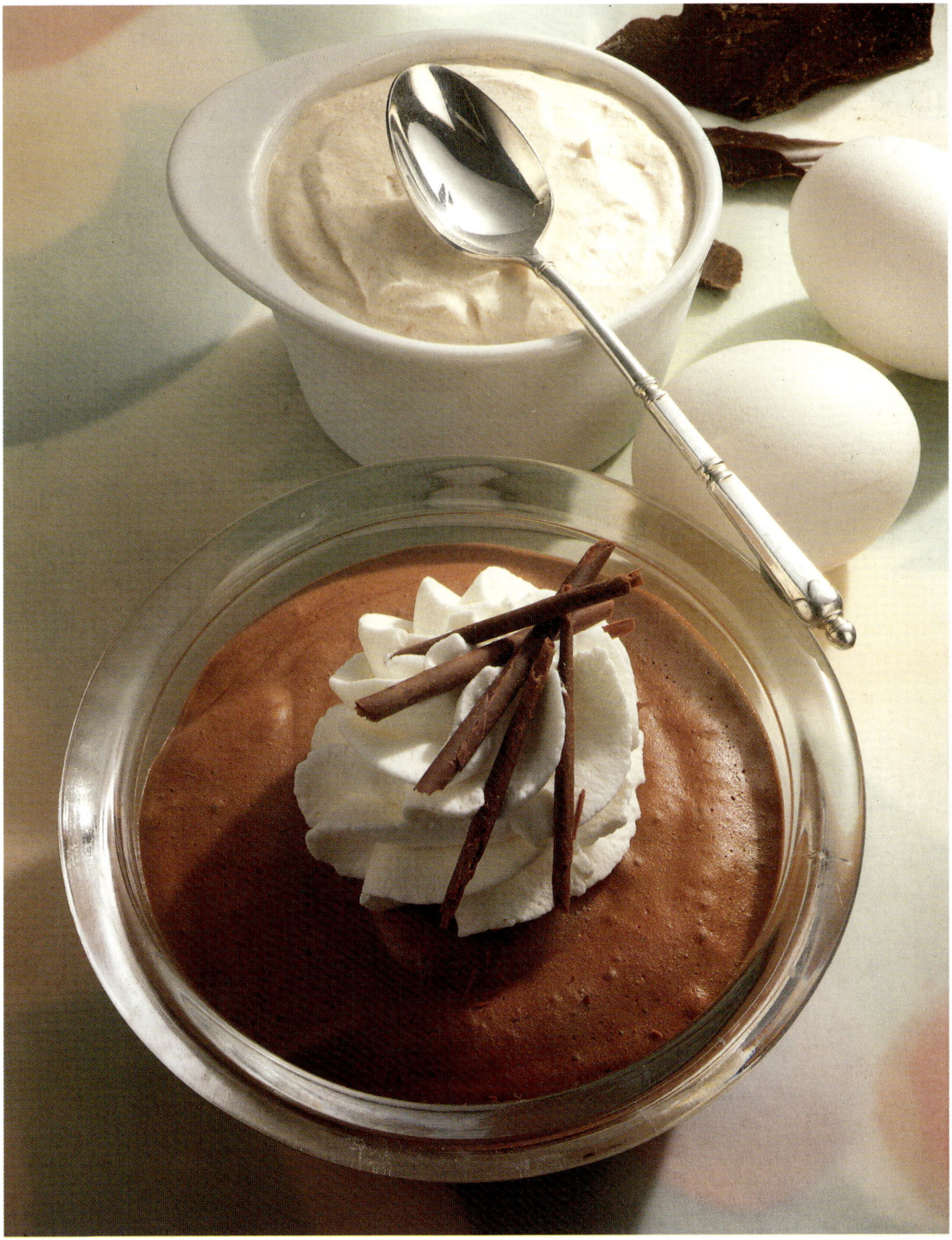

Clafoutis mit Weintrauben

Mit schwarzen Kirschen ist dieser flache Auflauf ein Klassiker in Frankreich. Wir haben ihn hier einmal mit süßen kleinen Weintrauben gebacken. Die Früchte sollen unbeschädigt sein, damit der Saft drinbleibt, deshalb am besten kernlose Trauben verwenden. Falls Sie ihn mit Kirschen machen: Kirschen nicht entsteinen!

Zutaten:

1/2 Teel. Butter für die Form

125 g kernlose weiße Trauben

40 g Mehl (2 gehäufte Eßl.)

20 g Zucker (1 gestrichener Eßl.)

1 Ei

100 ccm Milch

1 Teel. Puderzucker zum Überstäuben

Raffiniert Gelingt leicht

Diese Menge enthält etwa:
2300 kJ/550 kcal
16 g Eiweiß · 16 g Fett
84 g Kohlenhydrate

- Zubereitungszeit: etwa 30 Minuten

1. Eine kleine Pie- oder Auflaufform (Ø etwa 18 cm) einfetten. Den Backofen auf 180° vorheizen.

2. Die Früchte waschen und trockentupfen und auf dem Boden der Form verteilen.

3. Das Mehl und den Zucker mit dem Ei verrühren. Die

Milch dazugießen und nochmal gut vermischen.

4. Die Masse über die Früchte verteilen und im Backofen 20–25 Minuten backen. Der Clafoutis geht beim Backen etwas auf. Er ist fertig, wenn die Oberseite hell-goldbraun ist.

5. Den Clafoutis vorsichtig auf einen Teller umfüllen. Mit einem kleinen Sieb den Puderzucker darüber stäuben.

Variante:

Nach dem gleichen Schema können Sie alle Obstsorten überbacken. Sehr apart ist ein Clafoutis mit Rotweinpflaumen: 100 g getrocknete Pflaumen zunächst in Rotwein mit etwas Zucker 1/2 Stunde leise köcheln lassen. Abtropfen und auf die oben beschriebene Weise überbacken.

Blitzschnelles Apfelgelee mit Kiwi

Als Geliermittel wird bei uns hauptsächlich Gelatine verwendet, die aus gemahlenen Rinderknochen besteht. Sie »glibbert« perfekt, braucht aber einen halben Tag, um fest zu werden. In Minutenschnelle geht's dagegen mit Agar-Agar, einem Algenextrakt, den Sie im Naturkostladen, Reformhaus oder Apotheke erhalten. Er hat gegenüber Gelatine noch einen weiteren

Vorteil: Exotische Früchte wie Ananas oder Kiwi, die das Steifwerden von Gelatine verhindern, gelieren mit Agar-Agar problemlos.

Zutaten:

150 ccm Apfelsaft

1 kleiner Kiwi

1/2 Teel. Agar-Agar

etwas Schlagsahne zum Garnieren

Vollwertrezept Besonders schnell

Diese Menge enthält etwa:
520 kJ/120 kcal
1 g Eiweiß · 0,3 g Fett
30 g Kohlenhydrate

- Zubereitungszeit: etwa 20 Minuten

1. Den Kiwi schälen, kleinschneiden und in eine Dessertschale füllen.

2. In einem kleinen Topf den Apfelsaft mit dem Agar-Agar erwärmen, bis Dampf aufsteigt.

3. Den Saft über den Kiwi gießen und erkalten lassen.

4. Mit etwas geschlagener Sahne anrichten.

Im Bild oben: Clafoutis mit Weintrauben
Im Bild unten: Blitzschnelles Apfelgelee mit Kiwi

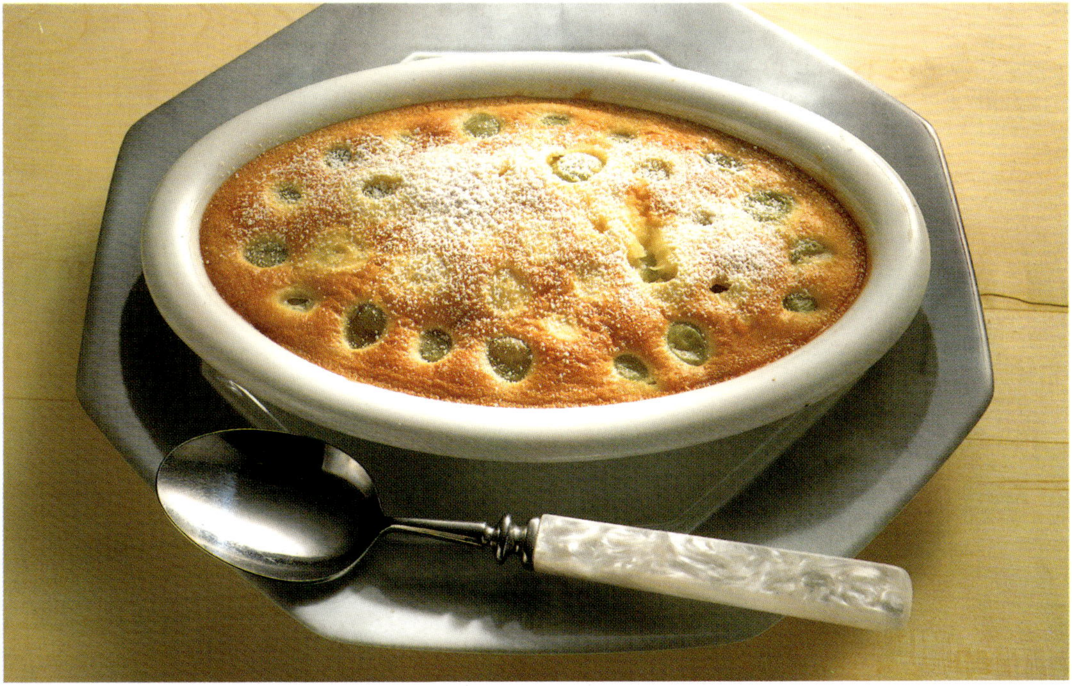

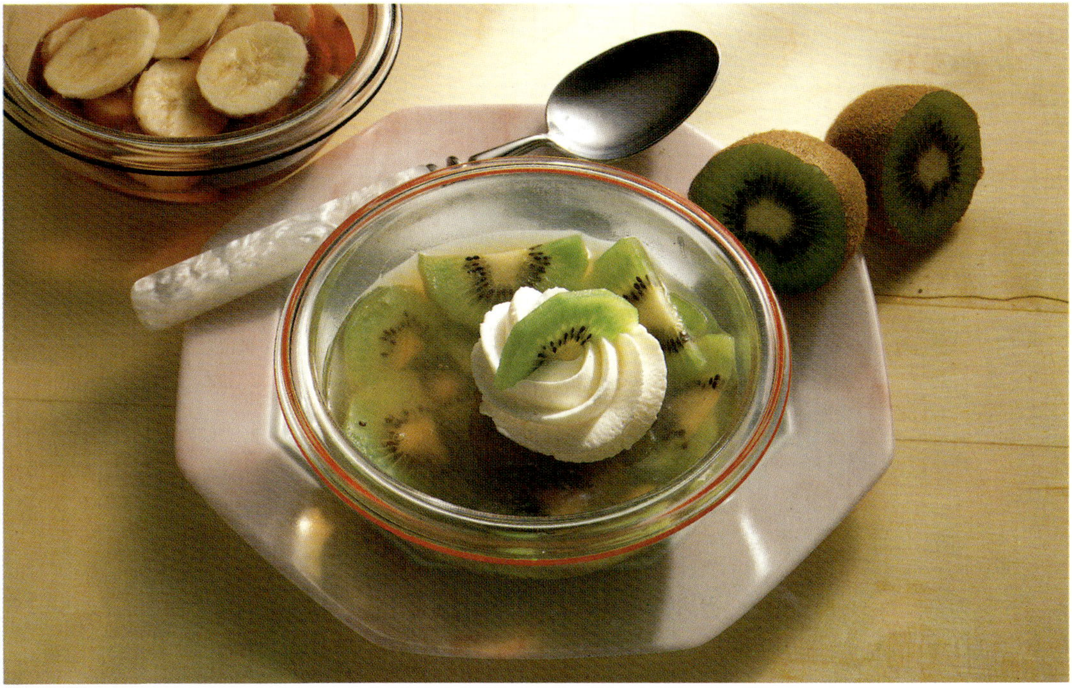

Zum Gebrauch

Damit Sie Rezepte mit bestimmten Zutaten noch schneller finden, stehen in diesem Register zusätzlich auch beliebte Zutaten wie Zucchini oder Grünkern – ebenfalls alphabetisch geordnet und halbfett gedruckt – über den entsprechenden Rezepten.

REZEPT- UND SACHREGISTER

IMPRESSUM

Umschlag-Vorderseite:
Avocado mit Krabbenfüllung,
im Bild hinten ein würziger
Avocado-Dip (Rezepte Seite 12).

CIP-Titelaufnahme der
Deutschen Bibliothek
Hetzel-Kiefner, Gudrun:
Für Singles: unkomplizierte
Rezepte: pfiffig, schnell und
abwechslungsreich/Gudrun
Hetzel-Kiefner – 3. Aufl. –
München: Gräfe und Unzer,
1992.
(GU-Küchenratgeber)
ISBN 3-7742-2500-1

3. Auflage 1992
© Gräfe und Unzer GmbH,
München.

Redaktion: Rosemarie Farkas
Layout: Ludwig Kaiser
Typografie und Herstellung:
Robert Gigler
Fotos: Odette Teubner,
Kerstin Mosny
Umschlaggestaltung:
Heinz Kraxenberger
Reproduktionen:
Repro Greineder
Satz: Hesz TextGrafik
Druck und Bindung: Stürz AG
ISBN 3-7742-2500-1

Gudrun Hetzel-Kiefner
studierte Innenarchitektur,
Grafik und Design. Vor ihrer
Ehe führte sie zehn Jahre lang
einen Single-Haushalt. Im
Laufe dieser Jahre hat sie der
Küche immer größere Auf-
merksamkeit geschenkt. Besonderes Augenmerk richtet
sie seither auf eine ausge-
wogene, gesunde und voll-
wertige Ernährung.